I0530111

خدا کی صفات

یہ سمجھنا کہ بائبل کا خدا واقعی کون ہے

رام کرشنامورتی

اردو / URDU

خدا کی صفات

یہ سمجھنا کہ بائبل کا خدا واقعی کون ہے

رام کرشنامورتی

خدا کی صفات

یہ سمجھنا کہ بائبل کا خدا واقعی کون ہے۔

رام کریشنا مورتی

ISBN انگریزی کتاب: 9798870243245

اردو پیپربیک: 978-1-954858-63-3

آزادانہ طور پر شائع ہوا

پہلا ایڈیشن

جائزہ لیا: جیمز فرنینڈس (James Fernandes)

خدا جو مبارک ہے، اور واحد حاکم ہے، اور بادشاہوں کا بادشاہ اور خداوندوں کا خداوند ہے ان چیزوں کو صحیح وقت پر پورا کریگا۔ خدا ہی ہے جو لا فانی ہے خدا روشنی میں ہے اور ایسے نور کی چمک ہے کہ کوئی بھی اسکے قریب نہیں جا سکتا۔ کسی بھی آدمی نے خدا کو کبھی نہیں دیکھا کوئی بھی آدمی اسکو دیکھنے کی طاقت نہیں رکھتا ہے۔عزّت اور قدرت خدا ہی کے لئے ہے۔ آمین۔

– 1 تیمتھیس باب 6 ، آیات 15 تا 16

مواد

دیباچہ

اس کتاب کا استعمال

خدا کی بارہ صفات کا احاطہ کرنے والی اس کتاب کو پڑھنے پر غور کرنے کے لیے آپ کا بہت بہت شکریہ۔ مقصد یہ ہے کہ قاری کو بائبل کے خدا کی حقیقی نوعیت کی اچھی گرفت حاصل کرنے میں مدد فراہم کی جائے۔ اگرچہ یہ اس وسیع موضوع کا گہرائی سے مطالعہ نہیں ہے اور یہ بنیادی طور پر اہل علم کے لیے نہیں لکھا گیا ہے، لیکن یہ اب بھی صحیفوں کی ٹھوس بنیاد پر قائم ہے۔

ہر باب عام طور پر مختصر ہوتا ہے، جس میں مومنین کے لیے فائدہ مند ھدائیت اور غیر مسیحیوں کے لیے پرکشش ہوتی ہے۔ عملی زندگی کی تبدیلیوں کا اشارہ دینے کے لیے ہر باب کے آخر میں بحث کے سوالات فراہم کیے گئے ہیں۔ مراقبہ اور حفظ کے لیے ہر ایک وصف کے تحت صحیفہ کی ایک آیت درج ہے۔ بھجن/گیتوں کی ایک فہرست بھی شامل کی گئی ہے جسے کسی خاص صفت کے لیے خدا کی تعریف کرنے کے لیے استعمال کیا جا سکتا ہے۔ اور ہر باب

کو مکمل کرنے کے لیے، اس صفت کی روشنی میں زندگی گزارنے میں مدد کے لیے ایک مختصر دعا پیش کیا جاتا ہے۔

اس کتاب کو استعمال کرنے کے چند طریقے یہ ہیں:

- ذاتی پڑھائی۔
- چھوٹی جماعت کا بائبل مطالعہ۔
- نئے مومنوں کو شاگرد بنانے کا آلہ۔ (بائبل کے شاندار خدا کو جاننے اور اس سے لطف اندوز ہونے کے راستے پر نئے ایمانداروں کو شروع کرنے کا یہ ایک مددگار طریقہ ہوگا!)
- کسی دوست یا خاندان کے افراد کو دیا جائے جو ابھی تک عیسائی نہیں ہے لیکن بائبل کے خدا کے بارے میں مزید جاننے کے لیے تیار ہو سکتا ہے۔
- پادری جو اپنی جماعت کو خدا کی مختلف صفات کے بارے میں تعلیم دینا چاہتے ہیں۔
- مندرجہ بالا کے علاوہ، اگر آپ یا آپ کا کوئی جاننے والا زندگی کے کسی شعبے میں جدوجہد کرتا ہے، تو اس کتاب کے کچھ حصے بھی مددگار ثابت ہو سکتے ہیں۔

- مثال کے طور پر، اضطراب کے ساتھ جدو جہد کرتے وقت، باب "خدا کی موجودگی" مددگار ثابت ہو سکتی ہے۔

- جب چیزیں آپ کے خلاف نظر آتی ہیں، باب "خدا کی حاکمیت" جدوجہد کرنے والی روح کو پرسکون کر سکتا ہے۔

- اگر گناہ پر قابو پانے کے لیے جدوجہد کرنا پڑ رہی ہے، تو ابواب "خدا کی پاکیزگی" اور "خدا کی محبت" مدد کر سکتے ہیں۔

- اگر کسی فیصلے کے ساتھ کشتی کر رہے ہو، باب "خدا کی حکمت" کچھ رہنمائی کا باعث بن سکتا ہے۔

لہٰذا، جیسا کہ آپ دیکھ سکتے ہیں، اس کتاب کو مختلف مقاصد کے لیے استعمال کیا جا سکتا ہے۔ آخر میں وسائل کی ایک فہرست بھی دی گئی ہے جن سے اس کتاب کی تیاری کے دوران مشورہ کیا گیا تھا، لیکن وہ اس اہم موضوع کی گہرائی سے سمجھنے میں آپ کی مدد بھی کر سکتے ہیں۔

میں خلوص دل سے دعا کرتا ہوں کہ خداوند اس کتاب کو اس کے بارے میں آپ کے علم اور اس کے لیے آپ کی محبت کو بڑھانے میں مدد کرنے کے لیے استعمال کرے۔

ویسے اس کتاب کا کوئی حصہ کاپی رائٹ نہیں ہے۔ مصنف کے کریڈٹ کی بھی ضرورت نہیں ہے۔ لہذا، براہ کرم اسے ضرورت کے مطابق استعمال کرنے کے لئے آزاد محسوس کریں۔

خدا کے لئے تمام جلال ہو!

مسیح میں،

رام کرشنامورتی

تعارف

خدا کی صفات کا مطالعہ کیوں کریں

W. A. ٹوزر نے اپنی مشہور کتاب ، مقدس حضور کا علم، میں درست کہا:

> *خدا کا صحیح تصور نہ صرف منظم الٰہیات بلکہ عملی مسیحی زندگی کے لیے بھی بنیادی ہے۔ مجھے یقین ہے کہ نظریے میں شاید ہی کوئی غلطی ہو یا مسیحی اخلاقیات کو لاگو کرنے میں ناکامی ہو جو آخر کار خُدا کے بارے میں نامکمل اور ناقص خیالات کا پتا نہیں لگایا جا سکتا۔*

لہٰذا، اگر ہم مسیحی زندگی کو خُدا کے لیے خوشنما اور قابلِ قبول انداز میں گزارنا چاہتے ہیں، تو ہمیں اُس کا صحیح تصور کرنے کی کوشش کرنی چاہیے۔ اور چونکہ بائبل کے خدا کو صرف اس کی صفات سے سمجھا جا سکتا ہے، اس لیے یہ ضروری ہے کہ ہم ان کا مطالعہ کریں۔ لہذا، اس مختصر کتاب کا مقصد یہی ہے: مطالعہ کرنا اور اس کے نتیجے میں، خدا کی صفات کے بارے میں ہماری سمجھ میں اضافہ۔

مجھے امید ہے کہ آپ کو اس موضوع کا گہرا مطالعہ کرنے کے لیے حوصلہ افزائی اور چیلنج کیا جائے گا۔ یہ زندگی بھر کا مطالعہ ہے جس کے نتیجے میں بے پناہ برکات ہیں جن میں سے پانچ ذیل میں دیا گیا ہے۔

خدا کی صفات کے مطالعہ کی پانچ نعمتیں۔

برکت # 1: یہ قابل قبول عبادت پیش کرنے میں ہماری مدد کرتا ہے۔

عبرانیوں کی کتاب کا مصنف ہمیں حکم دیتا ہے کہ "خدا کی عبادت کرنی ہو گی جس سے وہ خوش ہو جائے۔ ہمیں اس کی عبادت تعظیم خوف سے کرنا ہوگا۔ '' (عبرانیوں، باب 12، آیت 28)۔ ہم یہ کیسے کر سکتے ہیں جب تک کہ ہم یہ نہ سمجھیں کہ وہ کون ہے؟ اور چونکہ خُدا کو صرف اُس کی صفات سے سمجھا جا سکتا ہے، اِس لیے ہمیں اُن کے بارے میں اپنی سمجھ میں اضافہ کرنا چاہیے تاکہ اُس کی عبادت اُس طریقے سے کی جائے جسے وہ قابل قبول سمجھے۔

برکت # 2: یہ خدا کو خوش کرتا ہے۔

کُلِسّیوں باب 1، آیت 10 بیان کرتا ہے کہ خُداوند کو عزت بخشنے والی اور خوش کرنے والی زندگی وہ ہے جو "خدا کی پہچان میں بڑھتے جاؤ۔" چونکہ خُدا

صرف اپنی صفات سے ہی واقف ہے، اس لیے ہم خُدا کے علم میں تبھی ترقی کر سکتے ہیں جب ہم اُس کی صفات کا مطالعہ کریں جیسا کہ بائبل میں ہمیں بتایا گیا ہے۔ اور یہی چیز تھیالوجی (الہیات) بناتی ہے، جس کا مطلب ہے کے خدا کا مطالعہ، مسیحی بالیدگی کے لیے ضروری ہے۔ یہ سوچنا ایک غلط فہمی ہے کہ الہیات صرف عیسائیت کی علمی شاخ کے لیے ہے۔ اس کے برعکس، دینیات ہر عیسائی کے لیے ہے۔ کیوں؟ کیونکہ ہر مسیحی کو خُدا کی فطرت کے بارے میں اپنی سمجھ میں بڑھ کر خُدا کو خوش کرنے کی کوشش کرنی چاہیے۔

برکت # 3: یہ ہمیں خدا کے بارے میں غلط نظریہ رکھنے سے بچاتا ہے۔

کہا جاتا ہے کہ انسان کا اپنا کردار لازمی طور پر اس خدا کے کردار سے طے شدہ ہوتا ہے جس کی وہ عبادت کرتا ہے۔ اگر بائبل کے خدا کے بارے میں ہمارا نظریہ غلط ہے، تو یہ نہ صرف ہماری عبادت بلکہ ہمارے کردار کو بھی متاثر کرے گا۔ اس لیے اس باب کے آغاز میں ٹوزر کی وارننگ پر دھیان دینا بہت ضروری ہے۔ خدا کی صفات کے بارے میں صحیح سمجھنے کی کمی خدا کے بارے میں غلط نظریہ کا باعث بنے گا اور اس کے نتیجے میں ایک ایسی زندگی

ہو گی جو اسے خوش کرنے میں ناکام رہے گی۔ اس لیے خدا کی صفات کا مطالعہ کرنا بہت ضروری ہے۔ اتفاق ہے، خدا کی صفات کا زندگی بھر مطالعہ بھی اس کی صفات کا مکمل فہم حاصل نہیں کرے گا کیونکہ محدود مخلوقات کے لیے ایک لامحدود خدا کو پوری طرح سمجھنا ناممکن ہے۔

تاہم، ہم خدا کی عکس پر بنائے گئے ہیں۔ اس کا مطلب یہ ہے کہ ہمارے پاس خدا کے بارے میں کچھ سچائیوں کو جوڑنے اور سمجھنے کی فطری صلاحیت ہے۔ اور مسیح میں دوبارہ تخلیق کیے جانے کے بعد (2 کرنتھیوں باب 5، آیت 17) اور روح القدس، جو ہم میں رہائش کرتا ہے، اپنے جاری روشن کرنے کا کام کے ساتھ (1 کرنتھیوں باب 2، آیت 13) ہم خدا کو زیادہ سے زیادہ جان سکتے ہیں۔ 25 سال کی وزارت کے بعد بھی، پولس کی مسلسل خواہش یا مقصد یہ تھا: ''میں مسیح اور اسکی موت سے جی اٹھنے کی طاقت کے سبب کو جانتا ہوں میں مسیح کی مصیبتوں میں حصہ دار بن کر اس کی موت جیسا بننا چاہتا ہوں۔'' (فلپیوں باب 3، آیت 10)۔ خدا کرے کہ ہمارا مسلسل مقصد بھی یہی ہو۔

برکت #4: یہ ہمارے دلوں میں خوشی پیدا کرتا ہے۔

ویسٹ منسٹر کیٹیچزم کہتی ہے کہ انسان کا سب سے بڑا انجام خدا کی تسبیح کرنا اور ہمیشہ اس سے لطف اندوز ہونا ہے۔ جیسے جیسے ہم خُدا کے بارے میں اپنے علم میں اضافہ کرتے ہیں، اُس کے لیے ہماری محبت بڑھتی جاتی ہے، اور اسی طرح ہماری فرمانبرداری بھی بڑھتی جاتی ہے۔ نتیجے کے طور پر، روح القدس ہماری زندگیوں میں مزید خوشی پیدا کرتا ہے (گلتیوں، باب 5، آیت 22)۔ ماضی کے مشہور مبلغ چارلس سپرجیئن کے الفاظ کتنے حوصلہ افزا ہیں:

خدا کے سب سے گہرے سمندر میں اپنے آپ کو چھلانگ لگانا؛ اس کی وسعت میں کھو جانا؛ اور آپ آرام کے صوفے سے تروتازہ اور توانا ہو کر باہر آئیں گے۔ میں کچھ نہیں جانتا ہوں جو روح کو سکون دے سکے؛ جو دکھ اور غم کی سوجن لہریں پر اتنا پرسکون دے سکے؛ جو آزمائش کی ہواؤں سے امن کی بات کرو، جیسا کہ ایک عقیدت خدائی موضوع پر سوچ رہا ہے۔

برکت # 5: یہ بائبل کے طریقے سے مصائب کا جواب دینے میں ہماری مدد کرتا ہے۔

ایک ٹوٹی ہوئی دنیا میں مصائب ایک حقیقت ہے (رومیوں، باب 8، آیت 20)۔ عیسائی بھی اس سے محفوظ نہیں ہیں۔ اور اکثر، ہمیں جن مصائب کا سامنا کرنا پڑ سکتا ہے ان کے لیے کوئی کامل یا قابل قبول جواب نہیں ہوتا۔ ایسے وقتوں کے دوران، ہم خُدا کی راہوں پر سوال کریں گے، بڑی حوصلہ شکنی اور مایوسی میں پڑ جائیں گے، اور یہاں تک کہ اُس سے دُور ہو جائیں گے۔ تاہم، جیسا کے ہم اس کی فطرت کے بارے میں اپنی سمجھ میں اضافہ کرتے ہیں، ہمارا اس پر بھروسہ بڑھتا جاتا ہے۔ اور جیسا کہ ایسا ہوتا ہے، دکھ کے "کیوں" پہلو کا جواب تلاش کرنے کے بجائے، ہم خُدا میں آرام پائیں گے، یہ جانتے ہوئے کہ اُس نے ہمیں نہیں چھوڑا ہے اور اپنے وعدے کے مطابق ہمیں بحفاظت گھر پہنچا دے گا (فلپیوں باب 1، آیت 6)۔

خدا پرست آدمی ایوب نے یہ سچ پایا۔ اسے ناقابل تصور تکالیف کا سامنا کرنا پڑا اور وہ بہت سے سوالات سے نبرد آزما تھا اور خواہش کرتا تھا کہ وہ ان سوالات کو براہراست خدا کے سامنے پیش کر سکے (ایوب باب 13، آیت 3)۔ لیکن جب خُدا نے آخرکار خود کو

ایوب پر ظاہر کیا، ایوب نے نہ صرف اپنے ہاتھ اپنے منہ پر رکھا بلکہ اس نے ایسی باتیں کہنے سے بھی توبہ کی جو وہ نہیں سمجھتے تھے (ایوب باب 40، آیت 4 اور باب 42 ، آیت 4 تا 6)۔ اور اگرچہ ایوب کو کبھی بھی اپنے سوالوں کے جواب نہیں ملے، وہ صرف خدا کے بارے میں اپنی سمجھ میں اضافہ کرنے میں مطمئن کر سکتا تھا۔ تمہارے اور میرے لیے بھی یہی بات ہے۔ جتنا زیادہ ہم خُدا کے کردار کو سمجھیں گے، اتنا ہی زیادہ ہم بائبل کے طریقے سے مصائب کا مقابلہ کریں گے، جو کہ ایمان کے ساتھ اُس سے چمٹے رہنا، اُس کے راستوں پر سوال نہ کرنا، حوصلہ شکنی اور مایوسی کا شکار نہ ہونا، اور خود کو اُس سے دور نہ کرنا ہے۔

مجھے امید ہے کہ یہ پانچ برکات ہمیں خدا کی صفات کا زندگی بھر مطالعہ کرنے کی ترغیب دیں گی۔ لیکن اس سے پہلے کہ ہم اس کی صفات کا مطالعہ کریں، آئیے اس موضوع کے بارے میں چند بنیادی سچائیوں کو دیکھیں۔

خدا کی صفات سے متعلق بنیادی سچائیاں

یہ کیا ہے۔ ایک وصف ایک خوبی یا خصوصیت ہے جو کسی شخص میں موروثی ہے۔ خدا کی صفات کا

خدا کی صفات

تذکرہ کرتے وقت، ہم ان مختلف صفات کے بارے میں بات کر رہے ہیں جو اس کی فطرت میں موروثی اور مسلسل ہیں اور صحیفے میں ہم پر انکشاف ہوئی ہیں۔

یہ کیا نہیں ہے۔ خدا کی مختلف صفات خدا کے جزو حصے نہیں ہیں۔ دوسرے لفظوں میں، خدا 10% محبت، 15% مقدس، 5% رحم، وغیرہ نہیں ہے۔ ہر صفت اس کے کل وجود کو بیان کرتی ہے۔ مثال کے طور پر، محبت خدا کی فطرت کا حصہ نہیں ہے؛ خدا، اپنے پورے وجود میں، محبت ہے۔ پاکیزگی خدا کی فطرت کا حصہ نہیں ہے؛ خدا اپنے پورے وجود میں مقدس ہے۔ صداقت خدا کی فطرت کا حصہ نہیں ہے؛ خدا اپنے کل وجود میں صادق ہے۔

اور نہ ہی خدا کسی دوسرے صفت کو ظاہر کرتے ہوئے اپنی کسی صفت سے سمجھوتہ کر سکتا ہے۔ دوسرے لفظوں میں، وہی خدا جو محبت ہے (1 یوحنا باب 4، آیت 8) بھی وہی خدا ہے جو غضب کو ظاہر کرتا ہے (زبور باب 5، آیت 5)۔ لہذا، یہ نتیجہ اخذ نہ کرنا ضروری ہے کہ کیونکہ ”خدا محبت ہے،“ وہ بالآخر تمام لوگوں کو بچائے گا۔ جو محبت ہے وہ مقدس بھی ہے اور غضب کا اظہار بھی کرتا ہے۔ اسی لیے یہ بیان، ”خدا گنہگار سے محبت کرتا ہے لیکن گناہ

سے نفرت کرتا ہے،'' بڑی احتیاط کے ساتھ بیان کیا جانا چاہیے۔

جب کہ خُدا توبہ کرنے والے گنہگاروں کو اپنی محبت بھری فطرت کی وجہ سے بچاتا ہے، وہ اپنے پاک کردار کی وجہ سے توبہ نہ کرنے والے گنہگاروں کو ہمیشہ کے لیے جہنم میں ڈال کر ان کا فیصلہ ضرور کرے گا۔ خدا صرف گناہ کی سزا نہیں دیتا ہے۔ وہ اس گنہگار کو بھی سزا دیتا ہے جو اپنے بیٹے، یسوع مسیح، پر ایمان کے ذریعے اس کی طرف رجوع کیے بغیر گناہ کرتا رہتا ہے۔ اس لیے جب ہم خُدا کی صفات کا مطالعہ کرتے ہیں، تو ہمیں ہوشیار رہنا چاہیے کہ اس کی ایک صفت کو دوسروں کی قیمت پر زور نہ دیں۔ خدا تمام فضیلت کا مجموعہ ہے۔

خدا کی صفات کو وسیع طور پر دو اقسام میں تقسیم کیا جا سکتا ہے: غیر رابطہ اور قابل ابلاغ۔

غیر رابطہ صفات. یہ وہ صفات ہیں جن کا تعلق خاص طور پر خدا سے ہے۔ وہ ہم تک نہیں پہنچتے ہیں ۔ مثالیں خدا کا خود وجود، قادر مطلق، تمام عالم، ہمہ گیریت، وغیرہ ہونگی۔

خدا کی صفات

قابل ابلاغ صفات۔ یہ خدا کی صفات ہیں جو ہم ایک محدود حد تک حاصل کر سکتے ہیں۔ مثالیں ہوں گی محبت، رحم، مہربانی وغیرہ۔

میں تسلیم کرتا ہوں کہ بعض اوصاف کی درجہ بندی کرنا ہمیشہ آسان نہیں ہوتا کہ وہ سختی سے ایک زمرے سے تعلق رکھتے ہوں اور دوسرے سے نہیں۔ مثال کے طور پر، جب کہ ہمہ گیریت ایک لاتعداد صفت ہے، ہم انسانوں کے پاس علم ہے، حالانکہ یہ سب جاننے والے خدا کے مقابلے میں محدود ہے۔ لہٰذا، ہمیں ہوشیار رہنا چاہیے کہ خصوصیت کے زمرے پر زیادہ توجہ نہ دیں۔ اس کے بجائے، توجہ اوصاف کے مطالعہ پر ہونی چاہیے۔

ان ابتدائی خیالات کے ساتھ، آئیے دعا کے ساتھ اگلے صفحات میں خدا کی چند صفات کا مطالعہ کریں۔

صفت 1

خدا کی پاکیزگی

خدا کی پاکیزگی سے مراد نہ صرف اس کی تمام شکلوں میں گناہ سے مکمل علیحدگی ہے بلکہ اس حقیقت سے بھی مراد ہے کہ وہ مکمل طور پر پاک ہے اور اپنی باقی مخلوقات سے الگ ہے۔

شاید یہ مشابہت ہمیں خدا کی پاکیزگی کی مندرجہ بالا وضاحت کو بہتر طور پر سمجھنے میں مدد دے سکتی ہے:

ایک مصنف نے کہا ہے کہ صحت مند ہونے کا کیا مطلب ہے؟ یہ بیماری کی [نا صرف] غیر موجودگی ہے، بلکہ توانائی کا ایک مثبت ادخال بھی ہے۔ تقدس برائی کی غیر موجودگی اور مثبت حق کی موجودگی ہے۔ خدا میں، اس کی پاکیزگی وجود اور فطرت کے ساتھ ساتھ مرضی اور عمل کی پاکیزگی ہے۔

خدا کی صفات

ایک مصنف (پال اینس) کے مطابق:

بہت سے لوگ تقدس [خدا کی] کو سب سے اولین صفت کے طور پر دیکھتے ہیں کیونکہ پاکیزگی خدا کی دیگر تمام صفات پر پھیلی ہوئی ہے اور وہ ان تمام چیزوں کے ساتھ مطابقت رکھتی ہے جو وہ ہے اور کرتا ہے۔ خدا کی پاکیزگی میں کئی خصوصیات شامل ہیں۔

اس میں ایک ماورائی تاکید ہے، جس سے یہ ظاہر ہوتا ہے کہ "وہ اپنی تمام مخلوقات سے بالکل الگ ہے اور لامحدود عظمت میں ان سے بلند ہے... یسعیاہ باب 57، آیت 15 اس کی ماورائی کو بیان کرتا ہے: وہ "جو بلند ہے اور جس کو اوپر اٹھا یا گیا ہے" ہے، " ایک بلند اور مقدس مقام پر" پر رہتا ہے۔

اس میں ایک اخلاقی دباؤ ہے، جس سے ظاہر ہوتا ہے کہ "وہ اخلاقی برائی یا گناہ سے الگ ہے۔" 'پاک پن' خدا کی شاندار پاکیزگی، یا اخلاقی عظمت کی طرف اشارہ کرتا ہے۔ اس تاکید کی بنیاد احبار باب 11،

صفت 1: خدا کی پاکیزگی

آیت 44 اور 45 میں ہے: "میں مقدس ہوں اس لئے تمہیں مقدس رہنا چا ہئے۔" کیونکہ خُدا اخلاقی طور پر پاک ہے، وہ برائی کو معاف نہیں کر سکتا ہے اور نہ ہی اس سے کوئی تعلق رکھتا ہے (زبور باب 11،آیت 4 تا 6) ۔ خدا کی پاکیزگی میں اخلاقی اور اخلاقی معیار ہے؛ وہ قانون ہے۔ وہ معیار طے کرتا ہے۔

صحیفے میں صرف ایک بار خُدا کی ایک صفت ہے جو یکے بعد دیگرے تین بار مذکور ہے: اُس کی پاکیزگی۔ مقدس پن، ''فرشتے دوسرے سے پکار پکار کر کہہ رہا تھا ، "قدّوس، قدّوس، قدّوس خدا قادر مطلق ہے۔ ساری زمین اس کے جلال سے معمور ہے (یسعیاہ باب 6، آیت 3)" ۔ درحقیقت، پاکیزگی "تمام صفات کی صفت" ہو سکتی ہے۔

ہم کم از کم تین شعبوں میں خدا کی پاکیزگی کا ثبوت دیکھ سکتے ہیں۔

1. خدا کی پاکیزگی اس کی فطرت سے ظاہر ہوتی ہے۔

خدا کی پاکیزگی کا مطلب ہے کہ وہ مکمل طور پر گناہ سے الگ ہو گیا ہے۔ یہ سچائی 1 یوحنا باب 1، آیت 5 سے ظاہر ہوتی ہے، جہاں ہمیں بتایا گیا ہے، '' خدا روشنی ہے۔'' غور کریں متن یہ نہیں کہتا ہے کہ خدا بہت سی روشنیوں میں سے ایک نور ہے یا یہ کہ خدا کے پاس روشنی ہے۔ اس کے بجائے، یہ کہتا ہے کہ خدا نور ہے۔ جس طرح "خدا روح ہے" (یوحنا باب 4، آیت 24الف) اور "خدا محبت ہے" (1 یوحنا باب 4، آیت 8ب)، خدا بھی اپنے جوہر میں مقدس ہے۔ یہاں کچھ آیات ہیں جو اس موضوع کو اجاگر کرتی ہیں:

خروج باب 15، آیت 11 – کیا کوئی دیوتا خداوند کے جیسا ہے؟ نہیں کوئی دیوتا تیرے جیسا نہیں۔ تو عجیب وغریب ہے اپنے تقدس میں بے مثال ہے۔ تو حیران کرنے والی قدرت رکھتا ہے تو عظیم معجزے کرتا ہے۔

1 سموئیل باب 2، آیت 2 – کوئی مقدس خدا نہیں میرے خداوندکی مانند۔ کوئی چٹان نہیں خدا کی طرح اور نہ کوئی چٹان ہے ہمارے خدا کی طرح۔

2. خدا کی پاکیزگی اس کے کاموں سے ظاہر ہوتی ہے۔

خُدا کی پاکیزگی نہ صرف اُس کی فطرت میں بلکہ تمام تخلیقات اور صحیفوں میں بھی نظر آتی ہے۔

تخلیق میں۔ پیدائش باب 1، آیت 31 واضح طور پر کہتی ہے کہ جب خُدا نے أصل میں ہر چیز کو تخلیق کیا تو یہ خالص اور گناہ کے بغیر تھی۔

صحیفوں میں۔ رومیوں باب 7، آیت 12 کہتی ہے، ’’ پس شریعت مقدس ہے اور اسکا حکم بھی مقدس اور راستباز اور اچھا ہے۔‘‘ اسی لیے بائبل کو "مقدس بائبل" کہا جاتا ہے۔

لہٰذا، تخلیق دونوں میں، جسے خدا کا عمومی مکاشفہ بھی کہا جاتا ہے، جو فطرت میں محدود ہے، اور صحیفے، جسے خدا کا خصوصی مکاشفہ بھی کہا جاتا ہے، جہاں وہ اپنے آپ کو مزید ظاہر کرتا ہے، خدا کی پاکیزگی اس کے کاموں سے ظاہر ہوتی ہے۔ ایک مصنف، سٹیفن چارنوک، کے مطابق، "طاقت خدا کا ہاتھ ہے، علم اس کی آنکھ، رحم اس کی آنتیں، ابدیت اس کی مدت، لیکن تقدس اس کا حسن ہے۔ " کوئی تعجب کی بات نہیں کہ گناہ کی طاقت سے آزاد ہونے

والے خدا کی پاکیزگی کو اس کی تمام صفات میں سب سے خوبصورت سمجھتے ہیں۔

3. خدا کی پاکیزگی گناہ کے خلاف اس کے ردعمل سے ظاہر ہوتی ہے۔

یوحنا رسول سچائی کے مثبت بیان کو تقویت دیتا ہے کہ ''خدا روشنی ہے'' (1 یوحنا باب 1، آیت 5 الف) اس بیان سے: '' اس میں تاریکی نہیں'' (1 یوحنا باب 1، آیت 5ب)۔ چونکہ خدا روشنی ہے، اس لیے وہ روشنی کے مخالف نہیں ہو سکتا جو اندھیرا ہے۔ اور جس طرح روشنی کو آلودہ نہیں کیا جا سکتا ہے، اسی طرح خدا اپنے اندر اندھیرا نہیں رکھ سکتا ہے۔ اس لیے خُدا ہر قسم کے گناہ سے نفرت کرتا ہے کیونکہ تاریکی سے مراد گناہ ہے (یوحنا باب 3، آیت 19)۔

ہم حبقوق، باب 1، آیت 13 میں گناہ پر خُدا کے ردِ عمل کو پڑھتے ہیں، "تیری آنکھیں بدی کو دیکھنے سے ایسے پاک ہیں کہ بُرا ئی کو دیکھ نہیں سکتا اور غلط کام ہو تے ہو ئے دیکھنے کے لئے کھڑا نہیں ہو سکتا۔" جس طرح خُدا بالکل پاک چیز سے محبت کرتا ہے، اسی طرح وہ ناپاک یا ناپاک چیزوں سے بھی بالکل نفرت کرتا ہے۔ امثال باب 15، آیت 9 بیان کرتی

صفت 1: خدا کی پاکیزگی

ہے، "شریروں کی روش سے خدا وند کو نفرت ہے لیکن جو راستبازی پر عمل کرتا ہے وہ اس سے محبت کر تا ہے۔" اور چونکہ خُدا بُرائی سے نفرت کرتا ہے، اِس لیے اُسے بُرائی کی سزا بھی دینی چاہیے۔ اس حقیقت کو ثابت کرنے کے لیے نوح کے زمانے میں سیلاب، سدوم اور گومورہ کی تباہی، اور فروہ اور مصریوں کا یہودیوں کو غلام بنانے پر سزا دیا چند مثالیں ہیں۔

لیکن گناہ سے خُدا کی نفرت کی اعلیٰ مثال اُس کے بیٹے یسوع مسیح کے فیصلے میں نظر آتی ہے، جس نے ہمارے گناہوں کو صلیب پر اُٹھایا۔ جب خُداوند یسوع نے ہمارے گناہوں کو صلیب پر اُٹھایا، خُدا نے اپنے پیارے پیارے بیٹے پر اپنا پورا غضب نازل کیا۔ خُدا نے اپنی پاکیزگی کو کم نہیں کیا کیونکہ اُس کے بیٹے نے صلیب پر دُکھ اُٹھایا تھا۔ اس نے اپنے بیٹے کی ضروریات کو پورا کرنے کے لیے اپنے راستبازی کے معیار کو کم نہیں کیا۔ یہ ہے کہ خدا گناہ سے کتنا نفرت کرتا ہے۔ وہ اندھیرے کے ساتھ کبھی کوئی سمجھوتہ نہیں کرتا ہے۔

خدا کی پاکیزگی پر ہمارا ردعمل

تو، خُدا کی پاکیزگی کے بارے میں ہمارا ردعمل کیا ہونا چاہیے؟ پطرس رسول نے اسے 1 پطرس، باب 1، آیت 14 تا 16 (جو احبار باب 11، آیت 44 تا 45 اورباب 19 آیت 2 سے اخذ کیا گیا) میں اچھی طرح سے بیان کیا ہے، جو کہتا ہے، "پہلے ان چیزوں کو سمجھنے کے تم قا بل نہیں تھے اس لئے اپنی مرضی کے اور خواہش کے مطابق تم نے بُرائیاں کیں لیکن اب تم خدا کے بچّے ہو جو فرماں بردار ہو اس لئے پہلے جو زندگی تم گزارے ہو اس طرح اب نہ رہو۔ مقدس بنو اپنے اطوار وافعال سے تم مقدس رہو جیسا کہ خدا مقدس ہے وہ خدا ہی ہے جس نے تمہیں بلایا ہے۔ یہ صحیفوں میں لکھا ہے: "مقدس رہو جیسا کہ میں مقدس ہوں۔"" جیسا کہ ایک مصنف، سٹیفن چرنوک، نے درست کہا، "یہ خدا کی تعظیم کا بنیادی طریقہ ہے۔ ہم بلند تعریفوں، فصاحت وبلاغت یا اس کی شاندار خدمات سے خدا کی اس قدر تسبیح نہیں کرتے ہیں، جیسا کہ جب ہم اس کے ساتھ بے داغ روحوں کے ساتھ بات چیت کرنے کی خواہش رکھتے ہیں، اور **اس کی طرح** زندگی گزارتے ہوئے اس کے ساتھ جیتے ہیں۔"

صفت 1: خدا کی پاکیزگی

ہمارے رب کی تعلیم میں کہ ہمیں دعا کیسے کرنی چاہیے، درخواست کا پہلا حصہ اس سے شروع ہوتا ہے: '' تیرا نام مقدس ہے۔'' (متی باب 6، آیت 9)۔ اورایک مقدس خُدا کی تعظیم کرنے کا بہترین طریقہ خود ایک مقدس زندگی گزارنا ہے۔ تقلید تعریف کا مناسب جواب ہے! یہ پرانے مومن کی دعا ایک مومن کی پاک ہونے کی خواہش کے جوہر کو اچھی طرح پکڑتی ہے کیونکہ خدا پاک ہے:

ایک مصنف نے کہا ہے کہ

میرے خدا،

مجھے لگتا ہے کہ آپ کو خوش کرنا جنت ہے،
اور وہی بننا ہے جو آپ مجھے بنانا چاہتے ہیں۔
اے کاش میں پاک ہوتا، جیسا کہ تو پاک ہے،
جیسا کہ مسیح پاک ہے، کامل جیسا کہ روح کامل ہے!

مجھے لگتا ہے کہ یہ آپ کی کتاب میں بہترین احکام ہیں، اور کیا میں ان کو توڑ دوں؟ کیا مجھے ان کو توڑنا چاہیے؟ جب تک میں یہاں رہتا ہوں کیا میں ایسی ضرورت کے تحت ہوں؟

افسوس، افسوس ہے کہ میں گنہگار ہوں، کہ میں اس بابرکت خدا کو غمگین کرتا ہوں، جو نیکی اور فضل میں لامحدود ہے...

میں اس بہترین مخلوق کی تسبیح اور عبادت کے لیے کیا کروں؟ اے کاش میں اپنی روح اور جسم کو بغیر کسی روک ٹوک کے ہمیشہ کے لیے اس کی خدمت کے لیے وقف کر دوں!

اے کاش کہ میں خود کو اس کے حوالے کر دوں، تاکہ کبھی بھی اپنا بننے کی کوشش نہ کروں! یا اس کی کوئی مرضی یا پیار ہے جو اس کی مرضی اور اس کی محبت کے بالکل موافق نہیں ہے!

عبرانیوں باب 12، آیت 14 ب واضح طور پر بیان کرتی ہے کہ "اگر کسی کی زندگی مقدس نہ ہو تو وہ کبھی خدا وند کو نہ دیکھے گا۔" اپنے بچوں کو نظم کرنے میں خدا کا مقصد یہ ہے کہ وہ " تا کہ ہم مقدس ہو جائیں" (عبرانیوں باب 12، آیت 10ب)۔ ہمیں اپنے آپ کو ہر اس چیز سے الگ کرنے کا حکم دیا گیا ہے جو "چیز ہمارے جسم کو اور روح کو نا پا ک کر دے اس سے دور رہنا اور ہمیں خود کو پاک رکھنا ہو گا کیوں کہ ہم خدا کی عظمت کے قا ئل ہیں" (2 کرنتھیوں

صفت 1: خدا کی پاکیزگی

باب 7، آیت 1ب)۔ ہمیں اپنے آپ کو مسلسل "اپنی جان کو ایسی زندہ قربانی کے لئے نذر کرو جو زندہ اور مقدس اور خدا کو پسندیدہ ہو" (رومیوں باب 12، آیت 1ب)۔ کیا یہ آیات اس کے فضل اور روح القدس پر بھروسہ سے پیدا ہونے والی پاکیزگی کے لیے گناہ کے ساتھ بنیاد پرستانہ نمٹنے اور بے لگام جدوجہد کا مطالبہ نہیں کرتی ہیں؟

یہی وجہ ہے کہ جن لوگوں نے کبھی بھی یسوع مسیح پر ایمان نہیں رکھا ان کے لیے نقطہ آغاز یہ ہے کہ بغیر کسی تاخیر کے اس کی طرف رجوع کریں۔ تم اس مقدس خدا سے بچ نہیں سکتے۔ بائبل واضح طور پر بیان کرتی ہے کہ مستقبل کا فیصلہ آنے والا ہے۔ اور اگر آپ یسوع مسیح کے ذریعے اپنے گناہوں کو معاف کیے بغیر مر جاتے ہیں، تو آپ کا مستقبل واقعی بہت تاریک ہے۔ ایسے تمام لوگوں کے لیے آخری رہائش گاہ آگ کی جھیل ہو گی (مکاشفہ باب 20، آیت 14)، جسے جہنم بھی کہا جاتا ہے (متی باب 5، آیت 29)، جہاں وہ ہمیشہ کے لیے ہوش میں آنے والے درد اور عذاب میں گزاریں گے۔ جہنم بھی وہ جگہ ہے جہاں شیطان اور اس کے شیاطین کو ابدی سزا کے لیے پھینکا جائے گا (مکاشفہ باب 20، آیت 10 ؛ متی باب 25، آیت 41)۔

لھذا، میں حقیقی طور پر آپ سے محبت میں درخواست کرتا ہوں: اپنے گناہوں سے رجوع کریں اور آج ہی مسیح کی طرف رجوع کریں۔ ”اگر آج تم خدا کی آواز سنو، تو پہلے کی طرح اپنے دلوں کو سخت نہ کرو“ (عبرانیوں باب 4، آیت 7ب)۔ یسوع ہی واحد راستہ ہے جس کے ذریعے آپ کے گناہ معاف کیے جا سکتے ہیں۔ یہ صرف یسوع مسیح کے ذریعے ہی آپ کو اس مقدس خُدا کے ساتھ ملایا جا سکتا ہے۔ آپ کو بچانے کے لیے یسوع مسیح کو پکاریں اور، اس طرح سے، آپ کے گناہوں کے صاف ہونے کی خوشی کا تجربہ کریں۔ اور پھر (اور تب ہی) آپ کو روح القدس کے ذریعے ایک مقدس طرز زندگی کو اپنانے کی طاقت ملے گی۔سوچ اور عمل دونوں میں۔

یاد رکھیں، " خدا روشنی ہے اور اس میں تاریکی نہیں“ (1 یوحنا باب 1، آیت 5)۔ خدا کا اندھیرے سے کوئی تعلق نہیں ہے، اور اس کے بچوں کے طور پر، نہ ہی ہمارا اندھیرے سے کوئی لینا دینا ہے۔ خدا کے طریقے ہمیشہ بہترین ہوتے ہیں کیونکہ یہ پاکیزگی کا راستہ ہے۔ یہ زندگی اور روشنی کا راستہ ہے۔ ٹھوکر کھانے یا بھٹکنے کا کوئی سبب نہیں ہے۔ خدا کے بارے میں ہمارا نظریہ جتنا اونچا ہوگا، ہمارا چلنا اتنا ہی مقدس ہوگا۔ خدا کرے کہ اس پاک خدا کے ساتھ ہمارا رویہ

صفت 1: خدا کی پاکیزگی

اس چھوٹے بچے جیسا ہو جس نے جب غلط کام کرنے سے انکار کیا تو اس کے دوست نے اسے ان الفاظ میں چھیڑا کہ ''تمہیں ڈر ہے کہ تمہارے والد تمہیں تکلیف دیں گے۔'' اس نے مناسب جواب دیا، "واقعی نہیں۔ مجھے ڈر ہے کہ میں اسے تکلیف پہنچاؤں گا۔"

یہ اس کی ذہنیت ہے جو اب اندھیرے میں نہیں بلکہ روشنی میں چلتا ہے۔ ہم گناہ سے نفرت کرتے ہیں کیونکہ گناہ خدا کو تکلیف دیتا ہے۔ ہم گناہ سے نفرت کرتے ہیں نہ صرف اس کے لیے جو یہ ہمارے ساتھ کرتا ہے بلکہ بنیادی طور پر اس کے لیے جو یہ ہمارے پیارے نجات دہندہ سے کرتا ہے۔ لہذا، اگر کوئی ایسا گناہ ہے جس سے ہمیں رجوع کرنے کی ضرورت ہے، تو آئیے بغیر کسی تاخیر کے ساتھ روح القدس کی طاقت پر ٹیک لگا کر ایسا کرتے ہیں!

بحث کے سوالات------------------------

1. اس باب نے خدا کی پاکیزگی کے بارے میں آپ کے نظریہ کو کیسے متاثر کیا ہے؟

2. خدا کی اس صفت کی روشنی میں آپ زندگی میں کیا تبدیلیاں لا سکتے ہیں؟

3. خدا کی یہ صفت آپ کی دعاؤں پر کیسے اثر انداز ہوتی ہے؟

4. خدا کی یہ صفت آپ کی انجیلی بشارت پر کیسے اثر انداز ہوتی ہے؟

مراقبہ / حفظ کے لئے صحیفہ کی ----------

خروج، باب 15، آیت 11 – کیا کوئی دیوتا خدا وند کے جیسا ہے؟ نہیں کوئی دیوتا تیرے جیسا نہیں۔ تو عجیب و غریب ہے اپنے تقدس میں بے مثال ہے، تو حیران کر نے والی قدرت رکھتا ہے تو عظیم معجزے کر تا ہے۔

دعا---

ایک مصنف نے کہا ہے کہ خُداوند، مجھے اتنا مقدس بنا دے جتنا ایک معافی یافتہ گنہگار ہو سکتا ہے۔

صفت 2

خدا کی طاقت

خُدا کی قدرت سے مراد اُس کی ہر وہ
صلاحیت ہے جو وہ اپنے مقدس کردار کے
مطابق کرنے کا ارادہ رکھتا ہے۔

داؤد نے زبور باب 62، آیت 11ب میں کہا، "طاقت
خدا سے آتی ہے!" طاقت صرف اور صرف خُدا کی
ہے۔ اصطلاح "قادرِ مطلق" (پیدائش باب 17، آیت 1؛
خروج باب 6، آیت 3؛ 2 کرنتھیوں باب 6، آیت 18؛
مکاشفہ باب 1، آیت 8) کا مطلب ہے کہ صرف خدا
ہی تمام طاقت اور اختیار کا مالک ہے۔ یہ بائبل میں
50 سے زیادہ بار ظاہر ہوتا ہے اور صرف خدا کو
بیان کرنے کے لیے استعمال ہوتا ہے۔ قادر مطلق، ایک
اور لفظ جو خدا کے تمام طاقتور ہونے کی وضاحت
کے لیے استعمال ہوتا ہے، دو لاطینی الفاظ سے ماخوذ
ہے: قادر یا اومنی، جس کا مطلب ہے تمام، اور مطلق
یا پوتنس، جس کا مطلب طاقتور ہے۔ درحقیقت، لفظ
"طاقت" خدا کے نام کے طور پر بھی استعمال ہوتا
ہے، جیسا کہ مرقس باب 14، آیت 62 میں دیکھا گیا

خدا کی صفات

ہے جب یسوع مسیح نے مذہبی پیشواؤں سے کہا، "اور ابنِ آدم کو قادرِ مطلق کی داہنی جانب بیٹھے اور آسمان کے بادلوں پر سوار آتے ہوئے دیکھو گے"۔ (یا "طاقت کا دائیں ہاتھ" جیسا کہ NASB اور ESV میں ہے)۔ خدا کا داہنا ہاتھ کہنے کے بجائے، یسوع مسیح نے ایک غالب یا طاقت کا داہنا ہاتھ بیان کیا، اس طرح خدا اور طاقت لازم و ملزوم ہیں۔ خدا کی طاقت ہماری طاقت کے برعکس ہے۔ ہماری طاقت خدا سے مستعار لی گئی ہے - باہر سے حاصل کی گئی ہے۔ خدا کی طاقت اس کے اندر موجود ہے۔ اسے طاقت کے لیے دوسروں پر انحصار کرنے کی ضرورت نہیں ہے یا دوسروں سے مشورہ کریں کہ وہ اپنی طاقت کا استعمال کیسے کر سکتا ہے یا نہیں کر سکتا ہے - وہ قادر مطلق ہے۔

ایک مصنف، سٹیفن چارنوک، نے ٹھیک کہا:

> *خدا کی طاقت وہ قابلیت اور طاقت ہے جس کے ذریعے وہ جو چاہے، جس چیز کو چاہے، اس کی لامحدود حکمت جس کو بھی ہدایت دے، اور جس چیز کو اس کی مرضی کی لامحدود پاکیزگی حل کر سکے... جیسا کہ پاکیزگی خدا کی تمام صفات کا حسن ہے، تو طاقت وہ ہے جو خدائی فطرت کے تمام کمالات کو زندگی اور عمل عطا کرتی ہے۔*

صفت 2: خدا کی طاقت

ابدی مشورے کتنے بیکار ہوں گے، اگر طاقت ان پر عمل درآمد کے لیے قدم نہ رکھتی۔ طاقت کے بغیر اس کی رحمت ایک کمزور ترس ہے، اس کے وعدے ایک خالی آواز، اس کی دھمکیاں محض ایک خوفناک پتلا۔ خُدا کی طاقت اُس کی طرح ہے: لامحدود، ابدی، ناقابلِ فہم؛ اسے مخلوق نہ تو روک سکتا ہے، نہ محدود رکھ سکتا ہے اور نہ ناکام کر سکتا ہے۔

تو، سوال ہے، "کیا رب کے لیے کچھ بھی مشکل ہے؟" (پیدائش باب 18، آیت 14؛ یرمیاہ باب 32، آیت 27)، واضح جواب کا مطلب ہے، ''تیرے لئے کچھ بھی ایسا مشکل نہیں ہے جو تو نہیں کرسکتا ہے'' (یرمیاہ باب 32، آیت 17ب)۔ ایوب ان الفاظ کے ساتھ سب کچھ کرنے کی خدا کی طاقت کی تصدیق کرتا ہے، "اے خدا وند ! میں جانتا ہوں کہ تو سب کچھ کر سکتا ہے۔ تو منصوبے بنا سکتا ہے اور تیرے منصوبوں کو کوئی بھی نہیں بدل سکتا اور نہ ہی اس کو روکا جا سکتا ہے" (ایوب باب 42، آیت 2)۔

خدا کی قدرت کا مطالعہ کرتے وقت ہمیں کچھ چیزیں سمجھنی چاہئیں۔

اوّل، اگرچہ خُدا سب کچھ کر سکتا ہے، *لیکن وہ اپنے مقدس کردار سے متصادم کوئی کام نہیں کرے گا*۔ کچھ خود اپنی بنائی ہوئ حد ہیں جو خدا نے خود پر رکھی ہیں۔ مثال کے طور پر، خُدا جھوٹ نہیں بول سکتا ہے (ططس باب 1، آیت 2)، خُدا کو گناہ کرنے کے لیے آزمایا نہیں جا سکتا ہے (یعقوب باب 1، آیت 13)، اور وہ خود کو انکار نہیں کر سکتا ہے (2 تیمتھیس باب 2، آیت 13)۔ خدا بھی اپنے کلام کے خلاف کام نہیں کرے گا۔ مثال کے طور پر، خدا نے تمام لوگوں کو بچانے کے لیے منتخب نہیں کیا ہے۔ صرف وہی لوگ نجات پائیں گے جو اپنے گناہوں سے توبہ کرتے ہیں اور خدا کا بیٹے یسوع مسیح کی طرف ایمان کے ساتھ رجوع کرتے ہیں۔ دوسروں کو جہنم کی سزا دی جائے گی - چاہے وہ قیامت کے دن کتنی ہی التجا کریں!

دوسرا، بعض حالات میں، خدا اپنی طاقت کو ظاہر نہ کرنے کا انتخاب کر سکتا ہے۔ یہ ایسے حالات نہیں ہیں جو خدا سے مطالبہ کریں کہ وہ اپنے مقدس کردار سے سمجھوتہ کرے اگر وہ اپنی طاقت کا مظاہرہ نہیں کرتا ہے۔ اس کے بجائے، ان حالات میں، خُدا اپنی وجہ سے اپنی طاقت ظاہر نہ کرنے کا انتخاب کرتا ہے۔ مثال کے طور پر، خدا نے اپنے بیٹے کو صلیب سے نہیں بخشا (رومیوں باب 8، آیت 32)۔ اس نے اپنے

صفت 2: خدا کی طاقت

بہت سے بچوں کو ظالمانہ موت سے نہیں بخشا (مثلاً، پیدائش باب 4، آیت 8 میں ایبل اور اعمال باب 7، آیت 59 تا 60 میں اسٹیفن)۔ کیا وہ ان حالات میں اپنی نجات کی طاقت دکھا سکتا تھا؟ بالکل! تاہم، اُس نے ایسا نہیں کیا کیونکہ اُن افراد کے لیے اُس کا منصوبہ تھا کہ وہ اُس سے گزرے جن سے وہ گزرے تھے۔

اسی طرح، بعض اوقات، آپ کو اور مجھے بھی بعض دردناک واقعات سے گزرنا پڑے گا - اس لیے نہیں کہ خدا ہمیں نجات دینے کی طاقت نہیں رکھتا، بلکہ اس لیے کہ یہ اس کے مجموعی منصوبے کا حصہ نہیں ہے۔ جب ہم کہتے ہیں کہ خدا خود مختار ہے تو ہمارا یہی مطلب ہے۔ وہ خود مختار یا بادشاہ کے طور پر اپنی مخلوق پر اپنی حکمرانی کا استعمال کرتا ہے۔ لہٰذا، ہمیں ہوشیار رہنا چاہیے کہ آیات کا *غلط حوالہ* نہ دیں، جیسا کہ "خدا کے لئے تو آسان و ممکن ہے" (متی باب 19، آیت 26) گویا کہ خدا ہمیں *ہمیشہ* ایک "سازگار" نتیجہ دے گا۔ ہمیں یاد رکھنا چاہیے کہ خُدا ہمیں آزمائشوں سے نجات دلانے کے لیے اپنی طاقت کا مظاہرہ کر سکتا ہے اور اکثر کرتا ہے۔ پھر بھی اپنے مقاصد کے مطابق کچھ مواقع ایسے بھی ہیں کہ وہ آزمائش کو دور نہیں کرتا بلکہ اس کے ذریعے ہمیں محفوظ رکھے گا۔ مؤخر الذکر بھی طاقت لیتا ہے!

خدا کی طاقت کا مظہر

کم از کم آٹھ ایسے شعبے ہیں جہاں ہم خدا کی طاقت کو ہم پر ظاہر ہوتے دیکھتے ہیں جیسا کہ صحیفوں میں ظاہر کیا گیا ہے۔ کچھ کا تعلق ماضی سے، کچھ کا حال سے، اور کچھ کا مستقبل سے۔

1۔ کائنات کی تخلیق میں۔ بائبل اس بیان کے ساتھ شروع ہوتی ہے: ''ابتداء میں خدا نے آسمان و زمین کو پیدا کیا'' (پیدائش باب1، آیت 1)۔ فوراً، ہمیں خدا کی طاقت سے متعارف کرایا جاتا ہے۔ اس پوری کائنات کو صرف ایک بولے ہوئے لفظ سے کون بنا سکتا ہے؟ صرف خدا ہی کر سکتا ہے! پیدائش کے پہلے دو ابواب ہمیں تخلیق کے واقعات کی تفصیلات فراہم کرتے ہیں جو خدا کی طاقت کی بات کرتے ہیں۔ اس جملے کے بار بار استعمال پر غور کریں، "اور خدا نے کہا" (مثال کے طور پر، پیدائش، باب 1، آیت 3، 6 اور 9)، اور کس طرح فوری طور پر تخلیق کے مناسب عناصر وجود میں آئے، جیسا کہ اس جملے سے دیکھا گیا ہے، "تو ایسا ہی ہوا" (پیدایش، باب 1، آیت 7، 9، 11)۔ یہ طاقت ہے -- ناقابل یقین طاقت!

صفت 2: خدا کی طاقت

یہاں تک کہ بائبل کے ذریعے خُدا کے خصوصی مکاشفہ کے بغیر، ہمیں بتایا گیا ہے کہ، رومیوں، باب1، آیت20 کے مطابق، تخلیق ہی خُدا کی طاقت کی گواہی دیتی ہے۔ دوسرے لفظوں میں، تخلیق ایک خالق کی گواہی دیتی ہے۔ اس لیے کوئی بھی خدا کے وجود کے انکار کے لیے عذر پیش نہیں کر سکتا ہے۔

2۔ کائنات کو برقرار رکھنے میں۔ خدا نے نہ صرف کائنات کو تخلیق کیا ، بلکہ وہ اسے برقرار رکھنے والا بھی ہے۔ اور وہ بھی اُس کے طاقتور کلام سے پورا ہوتا ہے۔ عبرانیوں باب 1، آیت 3 بیان کرتا ہے، ''اور بیٹا خدا کے جلال کا اظہار ہے خدا کی فطرت کا کامل مظہر ہے بیٹا تمام چیزوں کو اپنی قدرت کے کلام سے سنبھالتا ہے۔'' یسوع، اپنی طاقت سے، پوری کائنات کو برقرار رکھتا ہے۔ انجیل میں، ہم اکثر یسوع مسیح کی طاقت ماحول پر دیکھتے ہیں۔ اب بھی، خدا کی طاقت پانی کو زمین سے ڈھانپنے سے پابند کرتی ہے۔ اُس کی طاقت زلزلوں جیسی آفات پر بھی حد مقرر کرتی ہے۔ یہ خدا کی طاقت ہے جو انسانوں کو بھی برقرار رکھتی ہے۔ خدا کی طاقت ایک ننھے بچے کو ماں کے پیٹ میں پوری مدت تک برقرار رکھتی ہے۔ صرف یہی نہیں، بالغ ہونے کے ناطے، یہ خدا کی طاقت ہے جو ہمیں برقرار رکھتی ہے۔

3۔ برائی کو روکنے میں۔ جب کہ خُدا، اپنی طاقت میں، آخرکار کائنات سے تمام برائیوں کو مٹا دے گا، یہاں تک کہ اب بھی، اُس کی طاقت برائی کو اپنے پورے راستے پر چلنے سے پابند کرتی ہے۔ اکثر، ہم ایسے واقعات سے چونک جاتے ہیں جن میں شریر لوگوں کے بھیانک کاموں کو بیان کیا گیا ہے۔ حقیقت یہ ہے کہ ایسی حرکتیں ہمیشہ نہیں ہوتیں یہ ثابت کرتی ہے کہ خدا برائی کو روکتا ہے۔ شیطانی طاقت کی مدد سے انسانی بدکاری ہمیشہ بہت زیادہ برائی کر سکتی ہے (پیدائش باب 6، آیت 5؛ رومیوں باب 3، آیت 14 تا 18)۔ لیکن، شکر ہے، خدا نے، اپنی طاقت میں، پابندیاں رکھی ہیں۔ یہاں تک کہ جب شیطان نے ایوب پر حملہ کیا، تب بھی وہ خُدا کی طاقت سے محدود تھا کہ اُسے اجازت سے زیادہ نقصان نہ پہنچا سکے (ایوب باب 1،آیت 12 اور باب 2، آیت 6)۔

4- اپنے لوگوں کو نجات دلانے میں۔ خروج جیسے واقعات خدا کی زبردست طاقت کا واضح مظاہرہ ہیں۔ ہمیں خروج، باب 15، آیت 6 میں بتایا گیا ہے، "تیرا داہنا ہاتھ عجیب و غریب طا قت کا حامل ہے۔ خدا وند تیرے داہنے ہاتھ نے دشمن کو پا مال کر دیا۔" دایاں ہاتھ خدا کی عظیم طاقت کی علامت تھا۔ بعد میں یسوع کی قیادت میں کنعان میں اور بعد میں داؤد کی قیادت

میں فتح اپنے لوگوں کو بچانے میں خدا کی طاقت کی واضح مثالیں ہیں۔

5- بیماری اور موت کو فتح کرنے میں۔ اپنی زمینی خدمت کے دوران متعدد مواقع پر، خُداوند یسوع مسیح نے ایک لفظ یا نرم لمس سے بہت سی بیماریوں کو ٹھیک کرنے کے لیے اس طاقت کا مظاہرہ کیا۔ یہ سب کچھ اس بات کو ظاہر کرنے کے لیے تھا کہ وہ مسیحا تھا، اور مسیحا کے طور پر، جب وہ مستقبل میں خدا کی بادشاھت کو اس کی تمام شان و شوکت کے ساتھ قائم کرے گا، تو کسی کو شفا یاب ہونے کی ضرورت نہیں رہے گی کیونکہ شروع کرنے کے لئے کوئی بیماری نہیں ہوگی۔

تاہم، سب سے زیادہ ناقابل یقین طاقت خدا نے ظاہر کی جب اس نے یسوع مسیح کو مردوں میں سے زندہ کیا۔ اور اس قیامت کے ذریعے، یسوع مسیح ظاہر کرتا ہے کہ وہ بیماری اور موت کو فتح کرنے کی طاقت رکھتا ہے۔ ایسا کیسے؟ بیماری اور موت اس دنیا میں گناہ کی وجہ سے آئی (رومیوں باب 5، آیت 12 اور باب 6، آیت 23)۔ اور چونکہ گناہوں کی ادائیگی پوری طرح ہو چکی ہے، اور قیامت اس کا ثبوت ہے (رومیوں باب 4، آیت 24 تا 25)، ایک دن، بیماری اور موت دونوں

کو بھی مکمل طور پر ختم کر دیا جائے گا (مکاشفہ باب 21، آیت 1 تا 4)۔

6۔ بدلتی زندگی میں۔ خدا کی طاقت انسانی زندگیوں کو بدلتی ہے جیسا کہ ہماری نجات کے تمام 3 مراحل کے دوران ثبوت ہے: جواز (ماضی کا)، تقدیس (موجودہ میں) اور آخر میں، تسبیح (مستقبل میں)۔

جواز میں۔ اگر ہم خدا کے بچے ہیں تو ہم خدا سے نفرت کرنے والوں سے خدا سے محبت کرنے والوں میں کیسے بدل گئے؟ انجیل کی خوشخبری کے ذریعے! اور خوشخبری کو پولس نے اس طرح بیان کیا ہے: "میں خوش خبری سے شرمندہ نہیں ہوں کیوں کہ وہ خدا کی ایک قوت ہے جس سے خدا ایمان رکھنے والے ہر ایک کو نجات دیتا ہے" (رومیوں، باب 1، آیت 16)۔ خوشخبری خدا کی قدرت ہے۔ اس طاقتور انجیل کے ذریعے، خُدا لوگوں کو اپنے ساتھ درست کرتا ہے ۔ ایک عمل جسے جواز کے طور پر جانا جاتا ہے۔ اس خوشخبری کے ذریعے ہمیں نئی زندگی ملتی ہے۔

تقدیس میں۔ جب کوئی خُدا کا بچہ بن جاتا ہے، تو اُن کے پاس قوی روح القدس کی موجودگی کے ذریعے جی اُٹھنے کی طاقت بھی ہوتی ہے۔ وہ طاقت جو ہمیں

صفت 2: خدا کی طاقت

روح القدس کے ذریعے دی گئی ہے نہ صرف ہمیں گواہ بننے کے قابل بناتی ہے، "لیکن مقدس رُوح تم پر آئے گا تب تم قوت پا ؤگے۔ تم لوگوں کو میرے متعلق گواہی دوگے۔ تم لوگوں کو سب سے پہلے یروشلم میں کہو گے اور پھر یہو داہ اور سامریہ کے لوگوں سے کہوگے اور دنیا کے ہر خطے میں کہو گے" (اعمال باب 1، آیت 8)، بلکہ ہمیں مقدس زندگی گزارنے کے قابل بھی بناتا ہے، کیونکہ "یسوع کو خدا کی طاقت حاصل ہے اور اس کی طاقت نے ہم کو ہماری ضرورت کی ہر چیز رہنے کے لئے اور خدا کی خدمت کے لئے دی ہے اور ہمارے پاس یہ چیزیں اس سے ہم کو اس وقت ملیں جب سے کہ ہم اس کو پہچانتے ہیں یسوع نے ہم کو اپنے خاص جلال اور نیکی کے ذریعے سے بلا یا ہے" (2 پطرس باب 1، آیت 3)۔

ایک عیسائی جس نے ایک بار ایک بدھسٹ کے ساتھ مذہبی معاملات پر بات چیت کی تھی اس نے پوچھا کہ وہ عیسائیت کے بارے میں کیا سوچتا ہے۔ بدھسٹ نے جواب دیا، "مجھے ہماری تعلیمات میں بہت سی مماثلتیں ملتی ہیں۔ لیکن ایک چیز مجھے معلوم ہوئی کہ آپ کے ایمان میں وہ ہے جو میرے پاس نہیں ہے کہ میرا ایمان مجھے بتاتا ہے کہ مجھے کیا کرنا ہے۔

لیکن یہ مجھے ایسا کرنے کی طاقت نہیں دیتا۔ *آپ کی طاقت مجھے طاقت دیتی ہے*".

تسبیح میں۔ یہ مستقبل کی طرف اشارہ کرتا ہے جب ہمیں یسوع مسیح کے جسم سے مشابہہ نئے جسم ملیں گے۔ اور یہ نیا جسم گناہ، تکلیف اور موت سے آزاد ہو گا۔ یہ سب کچھ اس وقت ہوگا جب یسوع مسیح واپس آئے گا۔ فلپیوں باب 3، آیت 20 تا 21 کہتا ہے، "ہماری منزل آسمان میں ہے۔ جہاں ہم اپنے نجات دہندہ کے آنے کے منتظر ہیں وہ نجات دہندہ منجی یعنی خدا وند یسوع مسیح ہی ہے۔ وہ ہمارے ناقص جسموں کو بدل کر اپنے جلالی جسم جیسا بنا دیگا۔ مسیح یہ اپنی طاقت سے کر سکتے ہیں اور اس طاقت کے ذریعہ وہ ہر چیز پر حکومت کر نے کے اہل ہے۔"

اور اگر ہم شک کرتے ہیں کہ آیا یہ تسبیح ہونے تک ہماری نجات محفوظ ہے تو ہمیں تسلی ہو سکتی ہے۔ پطرس ہمیں یاد دلاتا ہے کہ خُدا کی طاقت سچے مومنین کو اس وقت تک محفوظ رکھے گی جب تک کہ وہ جلال نہیں پاتے۔ ہم 1 پطرس باب 1، آیت 5 میں پڑھتے ہیں کہ ہم "خدا کی قدرت تمہارے ایمان کے ذریعہ حفاظت کرتی ہے جب تک کہ تمہاری نجات نہ ہو اور وہ وقت گزار نے کے ساتھ تیار ہے۔"

7- شریروں کے فیصلے میں. پیدائش 6 تا 8 خُدا کی طاقت کو ماضی میں ظاہر کرتی ہے جب اُس نے عالمگیر سیلاب کے ذریعے نوح کے زمانے کی بدکار دنیا کا فیصلہ کیا۔ مکاشفہ 19 تا 20 بیان کرتا ہے کہ کس طرح خُدا، اپنی قدرت میں، ایک دن شیطان، اُس کے شیاطین، اور اُن تمام کافروں کا فیصلہ کرے گا جنہوں نے ہمیشہ کے لیے اُس کے خلاف بغاوت کی ہے۔ اس فیصلے کے نتیجے میں وہ آگ کی جھیل میں ڈالے جائیں گے - جہنم، ایک شعوری اور ابدی تباہی کی جگہ۔ اس وقت کوئی بھی اس کی طاقت کا مقابلہ نہیں کر سکے گا — جس طرح ماضی میں سیلاب کے دوران کوئی بھی اس کی طاقت کا مقابلہ نہیں کر سکتا تھا۔ نیز، خدا کی طاقت اس میں نظر آئے گی، اگرچہ وہ آگ کی جھیل میں ابدی عذاب برداشت کرینگے، لیکن ان کے جسم فنا نہیں ہوں گے۔ کیوں؟ کیونکہ خدا انہیں جہنم کے لئے موزوں جسم دے گا جس طرح وہ مومنوں کو جنت کے لئے مثالی جسم دے گا۔

8- ایک نئی دنیا بنانے میں. مکاشفہ 21 اور 22 اس موجودہ کائنات کو آگ سے تباہ کرنے اور ایک نیا آسمان اور نئی زمین بنانے میں خدا کی طاقت کو بیان کرتے ہیں۔ یہ وہ جگہ ہے جہاں ہم (یعنی تمام مومنین) اس عظیم خدا کے حضور میں ہمیشہ ہمیشہ رہیں گے۔

خدا کی صفات

پس، کم از کم 8 شعبوں میں خدا نے ہم پر اپنی طاقت ظاہر کی ہے۔ اس سے پہلے کہ میں یہ بیان کروں کہ خدا کی طاقت کا علم ہماری روزمرہ کی زندگیوں کو کیسے متاثر کرتا ہے، مجھے یہ کہنے دیجئے: خدا کی طاقت کے بارے میں ہماری سمجھ ابھی بھی بہت، بہت محدود ہے۔ خدا کا وہ عظیم آدمی، ایوب، اس حد کو سمجھ گیا۔ اسی لیے، آیات 6 تا 13 میں خُدا کی ناقابلِ یقین طاقت کو بیان کرنے کے بعد، اُس نے ایوب باب 26، آیت 14 میں اقرار کیا، "یہ صرف کچھ ہی حیرت انگیز چیز ہے جسے خدا کرتا ہے۔ ہم لوگ خدا کی صرف ہلکی آواز سنتے ہیں۔ کوئی بھی اسکی قوت کی گرج کو نہیں سمجھ سکتا ہے۔" ایوب کا کہنا ہے کہ یہ صرف اس کی طاقت کے وسوسے ہیں۔ خدا کی طاقت کے بارے میں ہمارا علم کتنا محدود ہے۔

تاہم، خدا کی طاقت (اور اس کی دیگر صفات) کے بارے میں مکمل علم کی کمی ہمیں حوصلہ شکنی نہیں کرنی چاہیے۔ ہمیں اس علم میں اس قدر بڑھنے کی تمنا کرتے رہنا چاہیے جتنا کہ خدا ہماری مدد کرے گا۔ اور اس علم کو عملی اطلاق کی طرف لے جانا چاہئے - کم از کم تین مخصوص پہلوؤں میں خدا کی قدرت کے اس علم کے بارے میں۔

ہمیں اس سے ڈرنا چاہیے

ہم زبور باب 33، آیت 6 تا 7 میں پڑھتے ہیں، "خداوند نے حکم دیا اور دنیا وجود میں آئی۔ خدا کی سانسوں سے زمین کی ہر شئے وجود میں آئی۔ سمندر کا پانی ایک جگہ جمع کیا۔ اس نے بحر کو اس کی جگہ پر قائم کیا۔" مندرجہ ذیل دو آیات بیان کرتی ہیں کہ خدا کے قادر مطلق خالق ہونے کی روشنی میں ہمارا ردعمل کیا ہونا چاہئے: "دنیا کے باشندوں کو خداوند کا احترام کرنا اور اس سے ڈرنا چاہئے۔ اِس دنیا میں جو بھی لوگ بستے ہیں۔ اُن کو چاہئے کہ وہ اس سے ڈریں۔ کیوں! اِس لئے کہ خدا نے حکم دیا اور وہ بات واقع ہو گئی ہے۔ اس نے کہا، "رکو" اور وہ رک گئی" (زبور باب 33، آیت 8 تا 9)۔ خوف اور احترام مناسب ردعمل ہونا چاہئے. خُدا سے ڈرنا اور اُس کی تعظیم کی جانی چاہیے— جس کے ساتھ چھیڑ چھاڑ نہیں! اُس کے تمام احکام کی تعمیل کی جانی چاہیے - ان میں سے ہر ایک بڑبڑائے یا سوال کیے بغیر۔

بہت سے کافروں کے خدا کے وجود سے انکار کی وجہ یہ ہے: انکار کرنے سے، وہ کسی کے سامنے جوابدہ ہونے کی ضرورت محسوس نہیں کرتے ہیں -

خاص طور پر اس کے جس نے انہیں بنایا ہے۔ اور اگر احتساب نہیں ہوگا تو فیصلے کا خوف بھی نہیں رہے گا۔ اور نتیجہ: وہ محسوس کرتے ہیں کہ وہ جس طرح چاہیں زندگی گزار سکتے ہیں! جب کوئی خدا کو خالق کے طور پر انکار کرتا ہے، تو دیگر تمام پہلوؤں، جیسے کہ خدا جیسا کہ منصف اور نجات دہندہ، کوئی معنی نہیں رکھتا۔ اس لیے یہ ضروری ہے کہ ہم اپنی خوشخبری کا پیشکش خُدا کو خالق کے طور سے کریں (پیدائش باب 1، آیت 1)، نہ کہ خُدا کو بطور جج، محبت، یا نجات دہندہ کے طور پر۔ اگر ہمیں بنانے والے کے سامنے کوئی جوابدہی نہیں ہے، تو پھر خوشخبری کی تعمیر کے لیے کوئی ٹھوس بنیاد نہیں ہے۔

ہمیں اس کی تعریف کرنی چاہیے

اگر ہماری طرف خدا ہے (اور اگر ہم اس کے بچے ہیں تو ہم کرتے ہیں)، ہمیں اس کی طاقت کے لیے مسلسل اس کی تعریف کرنی چاہیے۔ اُس کے طاقتور ہاتھ نے ہمیں ابدی موت سے ابدی زندگی تک چھڑایا ہے۔ اس نے ہمیں آنے والے اپنے زبردست غضب سے محفوظ رکھا ہے۔ وہ ہمیں بحفاظت گھر لے جائے گا۔ اور ایسی سچائی مسلسل تعریف اور تعظیم کا مطالبہ

کرتی ہے۔ کوئی تعجب کی بات نہیں کہ موسیٰ نے یہ گانا گایا، بائبل میں پہلا ریکارڈ شدہ گانا:

خروج باب 15، آیت 11 تا 13 – کیا کوئی دیوتا خداوند کے جیسا ہے؟ نہیں کوئی دیوتا تیرے جیسا نہیں۔ تو عجیب و غریب ہے اپنے تقدس میں بے مثال ہے۔ تو حیران کرنے والی قدرت رکھتا ہے تو عظیم معجزے کرتا ہے۔ تُونے اپنا دایاں ہاتھ اٹھا یا اس لئے زمین اسکو نگل گئی۔ لیکن تُو مہربانی سے ان لوگوں کو لے چلا جنہیں تُونے بچایا ہے۔ تُو اپنی طاقت سے اُن لوگوں کو اپنے مقدّس اور سہانے ملک کو لے جاتا ہے۔

ہمیں اس پر بھروسہ کرنا چاہیے

لوقا باب 1، آیت 37 میں، ہم مریم پر جبریل کے مکاشفہ کے بارے میں پڑھتے ہیں کہ وہ، کنواری کے طور پر، مسیحا کو جنم دے گی، "خدا کے لئے کوئی بات نا ممکن نہیں ہے۔" خیال یہ ہے کہ خدا کی طرف سے کوئی بھی لفظ یا وعدہ کبھی پورا ہونے میں ناکام نہیں ہوگا کیونکہ کوئی بھی یا کوئی نہیں قادر مطلق خدا کو اپنے تمام مقاصد کو پورا کرنے سے نہیں روک سکتا۔ مریم خدا کے بارے میں ان سچائیوں پر یقین

رکھتی تھی۔ یہی وجہ ہے کہ اس نے جواب دیا، ''میں خدا کی خادمہ ہوں اور جیسا تو نے کہا ہے ویسا ہی میرے لئے ہو نے دے'' (لوقا باب 1، آیت 38)۔ اس نے خدا کی طاقت پر واضح طور پر بھروسہ کیا کہ وہ اپنے وعدے کے الفاظ کو برقرار رکھے گا — اس سے کوئی فرق نہیں پڑتا ہے کہ اسے زمینی نتائج کا سامنا کرنا پڑے۔ اور خُدا نے اپنے کلام کو برقرار رکھا حالانکہ مریم کو چیلنجوں کا سامنا کرنا پڑا، جوزف کے ساتھ شروع میں منگنی توڑنا چاہتی تھی!

مریم کی طرح، بھروسے کے عاجزانہ رویے کے ساتھ، ہمیں بھی یقین رکھنا چاہیے کہ خدا کی طاقت ہمیں زندگی کے چیلنجوں سے بچائے گی۔ اور اس عقیدے کو اس کے احکام کی تعمیل میں ترجمہ کرنا چاہیے، چاہے حالات کچھ بھی ہوں۔ ہمیں یاد رکھنے کی ضرورت ہے کہ یہ قادر مطلق خُدا بھی ایک ہمہ گیر محبت کرنے والا خُدا ہے جو اپنے بچوں کو کبھی نہیں چھوڑے گا اور نہ دور ہو گا (عبرانیوں، باب 13، آیت 5)۔

زبور 62 کی طرف واپس جاتے ہوئے، اس بار آئیے دونوں آیات 11 اور 12 کو دیکھیں: "ایک بات ایسی ہے جو خدا کہتا ہے۔ تم اسی پر سچ مچ بھروسہ کر سکتے ہو اور مجھے اس پر یقین ہے : "طا قت خدا

سے آتی ہے!" میرے مالک ! تیری شفقت سچّی ہے۔"
یاد رکھیں کہ محبت طاقت کے ساتھ ہوتی ہے۔ ہم کہاں
ہوں گے اگر ہم صرف خدا کی طاقت کے ساتھ رہ
جائیں اور ہم جیسے گنہگاروں سے محبت نہ ہو؟ یا ہم
کہاں ہوں گے اگر ہمیں صرف خدا کی محبت کے ساتھ
چھوڑ دیا جائے بغیر محبت کے اعمال کو پورا کرنے
کی طاقت؟ شکر ہے کہ دونوں خوبیاں خدا کے ہاں
اپنی معموری میں موجود ہیں۔ اس لیے ہمیں اُس پر
غیر متزلزل بھروسہ کرنا چاہیے۔ اس نے وعدہ کیا کہ
وہ ہمارے ساتھ رہے گا اور ہمیں بحفاظت گھر لے
جائے گا۔ اس سے کوئی فرق نہیں پڑتا ہے کہ کچھ
بھی ہو، ہم اپنی روحیں اس کے سپرد کر سکتے ہیں
جس نے ہمیں پیدا کیا اور ہمیں اپنے ہاتھوں میں محفوظ
رکھا۔ آئیے ہم داؤد کے ساتھ شامل ہوں، جس نے کہا،
"میرا توکّل خدا پر ہے ، اس لئے میں ڈرتا نہیں ہوں
کہ لوگ مجھے کیا کر سکتے ہیں۔" (زبور باب 56،
آیت 11)

آئیے اس پر بھروسہ کریں جب وہ کہتا ہے کہ ہمیں ہر
گناہ، فتنہ، خوف اور علت پر قابو پانے اور ایک خدائی
زندگی گزارنے کی طاقت دی گئی ہے (رومیوں باب
6، آیت 18؛ 2 پطرس باب 1، آیت 3)۔ اور اس اعتماد
کو حمد اور دعا میں بدلنے دیں جس کے ذریعے ہم
اپنے اس عظیم خدا سے مسلسل دعا کرتے ہیں کہ وہ

خدا کی صفات

روح القدس کے ذریعے اپنی زندگیوں میں اس طاقت کو کام کرے تاکہ ہم ایک مقدس زندگی گزار سکیں۔

اگر آپ مسیحی نہیں ہیں، تو تصور کریں کہ یہ خدا آپ کے خلاف اپنی طاقت اتار رہا ہے۔ آپ کا یہ سوچنا کتنا نادان ہے کہ آپ اس خدا کی مخالفت کر سکتے ہیں اور جیت سکتے ہیں! براہ کرم خبردار کیا جائے۔ ایک فیصلہ آنے والا ہے۔ تم اس قادرِ مطلق خدا سے کیسے بچ سکتے ہو؟ جس طرح نوح کے زمانے میں خدا کا مذاق اڑانے والا کوئی بھی سیلاب سے نہیں بچ سکا، اب خدا کا مذاق اڑانے والا کوئی بھی اس کے آنے والے فیصلے سے نہیں بچ سکے گا۔ یسوع نے لوقا باب 12، آیات 4 تا 5 میں متنبہ کیا، "تب یسوع نے لوگوں سے یوں کہا، "دوستو! میں تم سے جو کہنا چا ہتا ہوں وہ یہ ہے کہ تم لوگوں سے خوف مت کھا ؤ، وہ تمہیں جسمانی طور پر قتل تو کر سکتے ہیں لیکن اس کے بعد وہ تمہیں اور کچھ نقصان نہ پہنچا ئیں گے۔ میں تمہیں بتا ؤنگا کہ تم کو کس سے ڈرنا چاہئے کہ تم اسی سے ڈرو جو تم کو قتل کر کے جہنم میں ڈالنے کا اختیار رکھتا ہے اور ہاں تم کو صرف اسی سے خوف کر نا چاہئے۔" آپ صرف یسوع مسیح پر بھروسہ کرکے خدا کے فیصلے سے بچ سکتے ہیں۔ وہ اکیلا ہی آپ کو آنے والے غضب سے نجات دے سکتا ہے

(1 تھسلنیکیوں باب 1، آیت 10) ۔ زبور باب 2، آیت 12 میں سخت انتباہ کو ذہن میں رکھیں، "اپنے آپ کو اس کے بیٹے کا وفادار ظاہر کرو۔ اگر تم ایسا نہیں کرو گے تو وہ غضب ناک ہو گا اور تمہیں نیست و نابود کر دے گا۔ جو لوگ خداوند پر توکّل کرتے ہیں وہ خوش رہتے ہیں۔ لیکن دوسرے لوگوں کو چاہئے کہ ہو شیار رہیں کیوں کہ خدا کا غصّہ آنے والے وقت میں جلدی بھڑکے گا"۔

مباحثہ کے سوالات ---------------------------

1. اس باب نے خدا کی طاقت کے بارے میں آپ کے نظریہ کو کیسے متاثر کیا ہے؟

2. خدا کی اس صفت کی روشنی میں آپ زندگی میں کیا تبدیلیاں لا سکتے ہیں؟

3. خدا کی یہ صفت آپ کی دعاؤں پر کیسے اثر انداز ہوتی ہے؟

4. خدا کی یہ صفت آپ کی انجیلی بشارت کو کیسے متاثر کرتی ہے؟

مراقبہ / حفظ کے لئے صحیفہ کی آیت---------

1 تواریخ باب 29، آیت 11 – عظمت،
طاقت، جلال، شان و شوکت اور تعظیم تمہارے لئے ہے۔ کیوں کہ زمین اور آسمان پر کی ساری چیز تمہاری ہے۔ بادشاہت تمہاری ہے اے خدا وند! تو سبھی لوگوں پر سرفراز کیا گیاہے۔

دعا--

باپ، آپ قادر مطلق، تمام طاقتور خدا ہیں۔ آپ مجھ سمیت ہر چیز پر حکمرانی کرتے ہیں۔ مجھے یقین کرنے اور آپ کی نجات کی طاقت پر آرام کرنے میں مدد کریں یہاں تک کہ جب کوئی راستہ نظر نہیں آتا ہے۔ مجھے لوگوں کے خوف سے بچا۔ براہِ کرم مجھے آپ سے زیادہ ڈرنے میں مدد کریں اور اس حقیقت میں سکون حاصل کریں کہ آپ مجھے وہ سب کچھ فراہم کر سکتے ہیں جس کی مجھے ضرورت ہے۔ آمین!

صفت 3

خدا کی موجودگی

خدا کی موجودگی سے مراد اس کی صلاحیت ہے کہ وہ اپنے پورے وجود کے ساتھ ہر جگہ موجود رہے۔

ماہرین الہیات اکثر خدا کی اس صفت کو خدا کی ہمہ گیریت کے طور پر بیان کرتے ہیں۔ یہ ان صفات میں سے ایک ہے جو ہمیں یاد دلاتی ہے کہ اس کائنات میں کوئی ایسی جگہ نہیں ہے جہاں خدا موجود نہ ہو۔ ہم جہاں بھی جائیں، وہ وہاں ہے۔ ہم اُس سے چھپ نہیں سکتے۔ ہم بھی اُس سے آگے نہیں نکل سکتے۔

خدا کو پیچھے چھوڑنے کی بات کرتے ہوئے، کیا آپ جانتے ہیں کہ زیادہ تر ریاست ہائے متحدہ امریکہ میں ہائی وے پر کسی بھی رکی ہوئی گاڑی کو چیک کرنے کی حکمت عملی ہے جب درجہ حرارت سنگل ہندسوں یا اس سے کم ہو جائے؟ ذیل میں اس پالیسی کی پیروی کی ایک خاص کہانی ہے۔

برسوں پہلے، ایک سرد صبح تقریباً 3 بجے، مونٹانا اسٹیٹ ٹروپر ایلن نکسن نے گریٹ فالس، مونٹانا کے باہر سڑک کے کندھے سے ایک کار کے بارے میں کال کا جواب دیا۔ اس نے گاڑی کا پتہ لگایا، گہری برف میں پھنس گیا لیکن انجن ابھی تک چل رہا تھا۔

ٹروپر ڈرائیور کے دروازے پر چلا گیا جہاں ایک بوڑھا آدمی گاڑی کے ہینڈل کے پیچھے والی سیٹ پر بےہوش تھا اور تقریباً خالی ووڈکا بوتل اس کے پاس والی سیٹ پر تھا ۔ جب ٹروپر نے کھڑکی پر کھٹکھٹایا تو ڈرائیور جاگ گیا۔ اپنے عقبی آئینے میں گھومتی روشنیوں اور اپنی گاڑی کے پاس کھڑے ریاستی ٹروپر کو دیکھ کر آدمی گھبرا گیا۔ اس نے گیئر شفٹ کو "ڈرائیو" میں جھٹکا دیا اور گاڑی کو چلایا۔

گاڑی کے اسپیڈومیٹر نے 20 ,30 ,40 اور پھر 50 میل فی گھنٹہ کی رفتار دکھائی، لیکن یہ پھر بھی برف میں پھنسی ہوئی تھی، پہیے گھوم رہے تھے۔ ٹروپر، جس میں

مزاح کا جذبہ تھا، تیز رفتار (لیکن بے حرکت) گاڑی کے پاس دوڑنے لگا۔ ڈرائیور یہ سوچ کر اپنا دماغ کھو بیٹھا کہ ٹروپر اس کا ساتھ دے رہا ہے۔ یہ مزید 30 سیکنڈ تک جاری رہا اس سے پہلے کہ ٹروپر نے چیخ کر کہا، "اور کھینچو!" آدمی نے سر ہلایا، پہیہ موڑ دیا اور انجن بند کر دیا۔

یہ کہنے کی ضرورت نہیں کہ نارتھ ڈکوٹا سے تعلق رکھنے والے اس شخص کو گرفتار کیا گیا تھا اور شاید اس نے جیل میں یہ سوچ کر سر ہلایا کہ ریاستی ٹروپر اس سے کیسے آگے نکل سکتا ہے جب وہ 50 میل فی گھنٹہ کی رفتار سے گاڑی چلا رہا تھا۔

یہ کہانی ہمیں زبور باب 139، آیات 7 تا 12 میں داؤد کے الفاظ کی یاد دلاتی ہے، "ہر جگہ جہاں بھی میں جا تا ہوں تیری رُوح رہتی ہے۔ اے خداوند! میں تجھ سے بچ کر نہیں جا سکتا۔ اے خداوند! اگر میں آسمان پر جا ؤں، وہاں پر تُو ہی ہے۔ اگر میں پاتال میں جا ؤں وہاں پر تُو ہی ہے۔ اے خداوند! اگر میں مشرق میں جہاں آفتاب نکلتا ہے، جاؤں، وہاں پر بھی تُو ہے۔ اگر

خدا کی صفات

میں سمندر کے مغرب کی طرف جا ؤں وہاں بھی تُو ہے۔ وہاں بھی تیرا داہنا ہاتھ مجھے سنبھا لتا۔ اور تُو ہا تھ پکڑ کر مجھ کو لے چلتا ہے۔ اگر میں کہوں کہ یقیناً تاریکی مجھے چُھپا لے گی، اور میرے چاروں طرف کا اُجا لا رات بن جا ئے گا۔ مگر خداوند اندھیرا تیر ے لئے اندھیرا نہیں ہے۔ تیرے لئے رات بھی دن کی مانند روشن ہے۔" داؤد نے زور دیا کہ پوری کائنات میں کوئی ایسی جگہ نہیں ہے جہاں کوئی خدا کی موجودگی سے فرار ہو سکے۔

نیا عہد نامہ بھی اسی سچائی کا اعلان کرتا ہے۔ ایتھنز میں بے دین فلسفیوں سے اپنی تقریر میں، انہیں خدا کو تلاش کرنے کی تلقین کرتے ہوئے، پال نے کہا، ’’خدا لوگوں سے چاہتا ہے کہ اسکو ڈھونڈیں اسکو ہر جگہ تلاش کریں لیکن وہ ہم میں سے بہت زیادہ دور نہیں ہے۔ ہم اسکے ساتھ رہتے ہیں۔ ہم اسکے ساتھ چلتے ہیں۔ ہم اس کے ساتھ ہیں۔‘‘ (اعمال باب 17، آیات 27 تا 28 الف)۔

لہذا، یہ بائبل سے واضح ہے کہ خدا ہمیشہ ہر جگہ موجود ہے. خدا جو *ٹرانسنڈنٹ* ہے (یعنی مخلوق سے بلند ہے) وہ بھی *امننینٹ* ہے (یعنی اپنی مخلوق میں موجود ہے)۔ یسعیاہ باب 57، آیت 15 ان دونوں تصورات (ٹرانسندینس اور امما نینس) کو ایک ساتھ

کھینچتی ہے: "خدا جو بلند ہے اور جس کو اوپر اٹھا یا گیا ہے، وہ جو امر ہے، وہ جس کانام مقدس ہے، وہ یہ فرماتا ہے : میں ایک بلند اور مقدس مقام پر رہا کر تا ہوں [یعنی ٹرانسندینس]، لیکن میں ان لوگوں کے بیچ بھی رہتا ہوں جو اپنے گنا ہوں کے سبب سے شکستہ دل اور فروتن ہیں۔ ان فروتنوں کی روح کو زندہ کروں گا اور پشیمان دلوں کو حیات بخشوں گا۔ [یعنی امماننینس]" حالانکہ وہ آسمانوں پر بیٹھا ہوا خدا ہے، اس کی مخلوق میں بھی موجود ہے۔ زیادہ اہم بات یہ ہے کہ وہ روح القدس کی شخصیت میں اپنے بچوں کے اندر بھی موجود ہے۔ حیرت انگیز حقیقت!

اس سے پہلے کہ ہم یہ دیکھیں کہ خدا کی ہمہ گیریت یا موجودگی ہم سب کو عملی لحاظ سے کس طرح متاثر کرتی ہے، خدا کی ہمہ گیریت کے بارے میں تین غلط تصورات کو مختصراً بیان کرنا اچھا ہوگا۔

1. ہمہ گیریت کا مطلب یہ نہیں ہے کہ خدا صرف ایک ہی وقت میں مختلف جگہوں پر محدود حصوں میں موجود ہے۔ خدا روح ہے اور اسے حصوں میں تقسیم نہیں کیا جا سکتا جہاں ایک حصہ ایک جگہ ہے اور دوسرے حصے دوسری جگہوں پر ہیں۔ خدا اپنے پورے وجود میں ہر جگہ موجود ہے۔ وہ ناقابل تقسیم ہے۔ خدا کسی جگہ سے محدود نہیں ہے، کوئی بات

نہیں کے خالی جگہ کتنا ہی دور تک پھیلا ہوا کیوں نہ ہو۔ سلیمان نے دانشمندی کے ساتھ 1 سلطین باب 8، آیت 27ب میں کہا، '' تیرے لئے آسمان اور جنت کی اعلیٰ جگہ بھی چھوٹی ہے یقیناً یہ ہیکل جو میں تیرے لئے بنایا ہوں تجھے سمانے کے لئے کافی نہیں ہے۔''

سیسٹیمیٹک تھیولوجی کی کتاب میں، وین گروڈیم مندرجہ ذیل لکھتے ہیں:

ہمیں یہ سوچنے سے بچنا چاہئے کہ خدا تمام سمتوں میں بے حد دور تک پھیلا ہوا ہے تاکہ وہ خود ایک طرح کی لامحدود، نہ ختم ہونے والی جگہ میں موجود ہو۔ اور نہ ہی ہمیں یہ سوچنا چاہئے کہ خدا کسی نہ کسی طرح ایک "بڑی جگہ" ہے یا کائنات کے اسپیس کے گرد بڑا علاقہ ہے جیسا کہ ہم جانتے ہیں۔ یہ تمام خیالات خدا کی ہستی کے بارے میں مقامی طور پر سوچتے رہتے ہیں، گویا وہ محض ایک بہت بڑی ہستی ہے۔ اس کے بجائے، ہمیں سائز یا مقامی جانب کے لحاظ سے خدا کے بارے میں سوچنے سے بچنے کی کوشش کرنی چاہئے۔ خدا ایک ایسی ہستی ہے جو خالی جگہ میں عمق یا جانب کے بغیر موجود ہے۔ درحقیقت، خدا نے کائنات کو تخلیق کرنے سے

صفت 3: خدا کی موجودگی

پہلے، کوئی وجود نہیں تھا تو کوئی جگہ بھی نہیں تھی۔ پھر بھی خدا موجود تھا۔ خدا کہاں تھا؟ وہ ایسی جگہ پر نہیں تھا جسے ہم "جہاں" کہہ سکتے ہیں کیونکہ وہاں کوئی "جہاں" یا جگہ نہیں تھی۔ لیکن خدا پھر بھی تھا! یہ حقیقت ہمیں اس بات کا احساس دلاتی ہے کہ خدا خالی جگہ سے ہم سے کہیں مختلف طریقے سے تعلق رکھتا ہے یا کسی بھی تخلیق کردہ چیز سے۔ وہ ایک ایسی ہستی کے طور پر موجود ہے جو ہمارے تصور سے کہیں زیادہ مختلف اور بہت بڑا ہے۔

2. ہمہ گیریت کا مطلب یہ نہیں کہ خدا سب کچھ ہے اور سب کچھ خدا ہے۔ جب کہ خدا ہر جگہ موجود ہے، اس کا مطلب یہ نہیں ہے کہ ہر چھوٹی چیز میں خدا کی موجودگی ہے۔ بت پرستی کے پیچھے یہی نظریہ ہے۔ ایک بت پرست کا خیال ہے کہ سب کچھ خدا ہے یا وہ موجود ہر چیز میں ہے۔ تاہم، بائبل کہتی ہے کہ خدا اپنی تخلیق میں ہر جگہ موجود ہے، لیکن اس کی تخلیق سے بھی الگ ہے۔

3. ہمہ گیریت کا مطلب یہ نہیں کہ خدا ہر جگہ ایک ہی معنی میں موجود ہے۔ مثال کے طور پر، ہمیں امثال باب 15، آیت 29 میں بتایا گیا ہے، " خدا وند ہمیشہ

شریر لوگوں سے دور رہتا ہے لیکن وہ نیک لوگوں کی دعائیں سنتا ہے۔" بیان، "خداوند ہمیشہ شریر لوگوں سے دور رہتا ہے" کا مطلب ہے کہ وہ ان کو برکت دینے کے لیے موجود نہیں ہے۔ ان کے گناہوں نے خدا کو ان سے الگ کر دیا ہے (یسعیاہ باب 59، آیت 2)۔ تاہم، بیان، "وہ نیک لوگوں کی دعائیں سنتا ہے" کا مطلب ہے کہ وہ ان کو برکت دینے کے لیے ان کے قریب ہے۔

ایک اور مثال دوزخ میں خدا کی موجودگی ہوگی، جو جنت سے مختلف ہے۔ جہنم میں، خدا کافر کو سزا دینے کے لیے موجود ہے (2 تھیسالونیکیوں باب 1، آیت 9)۔ بہر حال، آسمان میں وہ مومنوں کو برکت دینے کے لیے موجود ہے (مکاشفہ باب 21، آیات 1 تا 3)۔ لہٰذا، اگرچہ یہ کہنا غلط ہو گا کہ خدا دوسرے علاقے سے زیادہ ایک علاقے میں موجود ہے، لیکن یہ کہنا غلط نہیں ہوگا کہ وہ آسمان پر ایک منفرد انداز میں موجود ہے۔ یعنی برکت دینے اور اس کا جلال ظاہر کرنے کے لیے، بجائے کہنے کے دوزخ میں۔ دوسرے لفظوں میں، خُدا اپنی موجودگی کو دوسری جگہوں سے زیادہ مکمل طور پر آسمان پر ظاہر کرتا ہے۔

خدا کی ہمہ گیریت کے بارے میں تین عام غلط تصورات کے بارے میں ان وضاحتوں کے ساتھ، آئیے

صفت 3: خدا کی موجودگی

یہ دیکھتے ہیں کہ خدا کی یہ صفت کم از کم چار طریقوں سے کس طرح عملی طور پر فائدہ مند ہے۔

1. یہ بہت خوشی لاتا ہے۔

زبور باب 16، آیت 11 میں، خُدا کی موجودگی کے بارے میں داؤد کا ردعمل ایک بڑی خوشی کا تھا: ''تو مجھے زندگی کی نیک راہ دکھا ئے گا۔ اے خدا وند! تیرے حضور کامِل شادمانی ہے۔ تیری داہنی طرف رہنے کی وجہ سے تو ہم لوگوں کو دائمی خوشی ملے گی۔" جب کہ ہم مکمل معنوں میں خوشی کا تجربہ صرف مستقبل میں ہی کریں گے جب ہم جنت میں ہوں گے، ہم اپنی موجودہ زندگی میں بھی خوشی کا تجربہ کر سکتے ہیں جب کہ ہم مکمل خوشی کے آنے والے تجربے کی امید میں رہتے ہیں۔ جب ہمارے ذہن اس سچائی سے بھر جائیں گے کہ ہم کبھی اکیلے نہیں ہوتے، کہ ہمارا خدا، کائنات کا بادشاہ، ابد تک اور ہمیشہ کے لیے ہمارے ساتھ ہے، تو ہم بڑی خوشی کا تجربہ کریں گے، یہاں تک کہ بڑی آزمائشوں کے دوران بھی۔ اس بنیادی سچائی کو بھول جانا ایک ایسی زندگی کی طرف لے جاتا ہے جس میں خوشی کی کمی ہوتی ہے اور مایوسی اور بےچینی کا شکار ہوتے ہے۔

لہذا، آئیے اپنے آپ کو یاد دلانے کی عادت بنائیں کہ ہمارا آسمانی باپ ہمیشہ ہمارے ساتھ ہے، اس کے بچے۔

2. یہ بہت سکون لاتا ہے۔

پریشان روح کے لیے اس یاد دہانی کے طور پر سکون بخش کوئی چیز نہیں ہے جیسے: خُدا ہمیشہ ہمارے ساتھ ہے۔ یہ سچائی ہمیں خدا کی فرمانبرداری میں مدد کرتی ہے یہاں تک کہ جب چیزیں مشکل ہوں، جیسا کہ اس نے ماضی کے مومنوں کی مدد کی تھی۔ یہ کچھ آیات ہیں جو اس حقیقت کو سامنے لاتی ہیں۔

> **زبور باب 23، آیت 4** – *میں موت کی اندھیری وا دی سے گذرتے ہو ئے بھی نہیں ڈروں گا۔ کیوں کہ خداوند میرے ساتھ ہے۔ تیرا عصا اور چھڑی مجھے تسلی دیتی ہے۔*

> **متی باب 28، آیت 20** – *اور کہا ،میں رہتی دنیا تک تمہارے ساتھ ہی رہونگا۔*

> **اعمال باب 18، آیات 9 تا 10** – *رات میں پولس نے رویا میں دیکھا کہ خدا وند نے اس سے کہا، "مت ڈرو تبلیغ کو جاری رکھو اور رکو مت۔ میں تمہارے ساتھ ہوں کو ئی بھی*

تمہارے اوپر حملہ کر کے نقصان نہ پہنچا سکیگا کیوں کہ میرے بہت سے لوگ اس شہر میں ہیں۔"

عبرانیوں باب 13، آیت 5 – *میں تمہیں کسی وقت بھی نہیں چھو ڑوں گا: کبھی تم سے دور نہیں ہوں گا۔*

"میں آپ کے ساتھ ہوں یہاں تک کہ جب آپ تاریک ترین وادی میں سے گزرتے ہیں—لہذا، مت ڈرو" ایک مستقل یاد دہانی ہے جو خُدا اپنے بچوں کو پیدائش سے مکاشفہ تک دیتا ہے! ہم اُن مواقع کو یاد کر سکتے ہیں جب ہمیں سخت آزمائشوں کا سامنا کرنا پڑا تھا اور ہر چیز اندھیری لگ رہی تھی، پھر بھی ہم نے اپنے دلوں میں زبردست سکون کا تجربہ کیا۔ وجہ کیا تھی؟ ہم، ایمان کے ذریعے، خدا کے وعدے پر قائم رہنے کے قابل تھے کہ "میں تمہیں کسی وقت بھی نہیں چھو ڑوں گا: کبھی تم سے دور نہیں ہوں گا۔" افسوس کی بات ہے کہ ہم اُن مواقع کو بھی یاد کر سکتے ہیں جب، سخت آزمائشوں کا سامنا کرتے ہوئے، ہم ھلچل میں تھے۔ نیند نہیں آتی۔ مسلسل خوف۔ وجہ کیا تھی؟ ہم خدا کے اس وعدے پر یقین کرنے میں ناکام رہے کہ ہمیں کبھی نہیں چھوڑنا یا ترک نہیں کرنا۔ یہ خدا کا قصور نہیں تھا۔ یہ ہمارا تھا!

آئیے کبھی نہ بھولیں: خدا کی مرضی ہمیں جہاں بھی لے جائے، اس کی موجودگی ہمارے ساتھ جائے گی۔ جنگل کے بیچ میں اُس کی موجودگی کا تجربہ کرنا محل کے بیچوں بیچ اُس کی غیر موجودگی کو محسوس کرنے سے بہتر ہے! لہٰذا، اگر ہم آزمائش کے وقت سکون کا تجربہ کرنا چاہتے ہیں، تو ہمیں یاد رکھنا چاہیے کہ ہم کبھی اکیلے نہیں ہوتے — ایک سیکنڈ کے لیے بھی نہیں!

3. یہ اعتماد کے ساتھ دعا کرنے میں ہماری مدد کرتا ہے۔

یہ جاننا کہ خُدا کی موجودگی ہمیشہ ہمارے ساتھ رہتی ہے ہمیں دعا میں اُس کے پاس جانے کی ایک زبردست وجہ فراہم کرتا ہے۔ وہ ہمیں سنے گا کیونکہ وہ ہمیشہ ہمارے قریب رہتا ہے۔ زبور باب 145، آیت 18 کہتی ہے، " خداوند اُن سے قریب تر ہے، جو اُسے مدد کے لئے پُکار تے ہیں۔ خدا ان سب لوگوں کے قریب رہتا ہے جو اُس سے سچی عبادت کر تے ہیں۔"اس سچائی کو ہمیں یہ کہنے کی ترغیب دینی چاہیے، "اگرچہ میں اسے نہیں دیکھ سکتا، میں جانتا ہوں کہ وہ میرے قریب ہے اور میری فریاد سن رہا ہے۔ تو میں دعا کرتا رہوں گا! "

4. یہ ہمیں گناہ کے فتنہ کا مقابلہ کرنے میں مدد کرتا ہے۔

یہ جاننا کہ خدا ہمیشہ موجود ہے آزمائش کا مقابلہ کرنے کا ایک طاقتور محرک ہے۔ یہ ہمیں یہ احساس دلاتا ہے کہ ہم جو کچھ بھی کرتے ہیں، ہر وہ چیز جو ہم سوچتے ہیں، بشمول ہر مقصد، خُدا کی حضوری میں ہوتا ہے! امثال باب 15، آیت 3 کہتی ہے، "خدا وند ہر چیز سے با خبر ہے وہ اچھے اور برے ہر شخص پر نظر رکھتا ہے۔" امثال باب 16، آیت 2 کہتی ہے، "انسان سوچتا ہے کہ اسکا ہر کام جو وہ کرتا ہے صحیح ہے لیکن خدا وند ہی فیصلہ کرتا ہے کہ کن اسباب سے اس نے ایسا کیا۔"

آپ دیکھتے ہیں، عام طور پر، ہم اس وقت گناہ کرتے ہیں جب کوئی نہیں دیکھ رہا ہوتا: والدین نہیں دیکھ رہے، استاد نہیں دیکھ رہا، ہماری شریک حیات نہیں دیکھ رہی، دوست نہیں دیکھ رہے، أفسر نہیں دیکھ رہا، وغیرہ۔ اور اگر کوئی ہمیں غلط کام کرتے ہوئے پکڑتا ہے تو ہم شرمندہ ہو جاتے ہیں۔ تاہم، اگر آپ اور میں سمجھتے ہیں اور مسلسل یاد رکھتے ہیں کہ ہم جو بھی گناہ کرتے ہیں، ہماری ہر سوچ، ایک مقدس خُدا کی

موجودگی میں کی جاتی ہے، تو ہم گناہ کے خلاف مزاحمت کرنے کا زیادہ امید رکھتے ہوں گے! ایوب کی مقدس زندگی کے رازوں میں سے ایک ایوب باب 31، آیت 4 میں پایا جاتا ہے، جو کہتا ہے، "میں کچھ جو بھی کرتا ہوں خدا جانتا ہے، اور میرے ہر قدم کو وہ دیکھتا ہے۔" وہ ہمیشہ خدا کی موجودگی سے واقف تھا۔ اور یہی اس کی دیانتداری کی وجہ تھی۔ ایوب کی طرح، ہم گناہ کے خلاف مزاحمت کرنے کے لیے بہتر طور پر تیار ہونگے جب ہمیں یہ احساس ہو جائے گا کہ خدا ہر اس چیز میں موجود ہے جو ہم سوچتے یا کرتے ہیں۔

لہذا، چار فائدے ہیں جب ہم جانتے ہیں کہ خُدا ہمیشہ ہمارے ساتھ موجود ہے: یہ خوشی، سکون لاتا ہے، اعتماد کے ساتھ دعا کرنے میں ہماری مدد کرتا ہے، اور گناہ کے فتنہ کا مقابلہ کرنے میں ہماری مدد کرتا ہے۔ آئیے اس خدا پر بھروسہ کرکے سکون حاصل کریں جو ہمارے ساتھ موجود ہے اور اس نے ہر وقت ہماری مدد کرنے کا وعدہ کیا ہے۔ آئیے مسلسل یسعیاہ باب 41، آیت 10 یسی آیات پر غور کرتے رہیں، "تو فکر مت کر، میں تیرے ساتھ ہوں۔ تو خوف زدہ مت ہو، میں تیرا خدا ہوں۔ میں تجھے زور بخشونگا۔ میں

صفت 3: خدا کی موجودگی

یقیناً تیری مدد کروں گا اور میں اپنی فتحمندی کے داہنے ہاتھ سے تجھے سنبھا لوں گا۔"

اگر آپ مسیحی نہیں ہیں، تو آپ حیران ہوں گے کہ اس علم سے آپ کو کیا فائدہ ہوتا ہے۔ سادہ۔ یہ ایک آگاہی ہے۔ خُدا، اپنی رحمت میں، آپ کو انتباہ کر رہا ہے کہ آپ اپنے گناہوں کے راستوں سے باز آ جائیں اور اپنے آپ کو اُس کے حوالے کر دیں۔ تم اس خدا سے بچ نہیں سکتے ہو جو جج بن کر آرہا ہے۔ اگر آپ اپنی خودغرضی کی روش سے باز نہیں آتے تو آپ کو ہمیشہ کے لیے دردناک نتیجہ بھگتنا پڑے گا۔ لہذا، براہ کرم اپنے گناہوں سے باز آ جائیں اور یسوع مسیح کی طرف رجوع کریں۔ اس نے تنہا گناہوں کی قیمت ادا کی اور دوبارہ جی اٹھے۔ آپ کو بچانے کے لیے اسے پکاریں۔ ایمان کے ساتھ، اپنے رب اور نجات دہندہ کے طور پر اس کے سامنے حوالے کر دیں۔ اس کے بعد ہی آپ مومن کے لیے مختص دیگر تمام فوائد حاصل کر سکتے ہیں جن کا ہم نے پہلے خطاب کیا تھا۔

بحث کے سوالات----------------------------

1. اس باب نے خدا کی موجودگی کے بارے میں آپ کے نظریہ کو کیسے متاثر کیا ہے؟

2. خدا کی اس صفت کی روشنی میں آپ زندگی میں کیا تبدیلیاں لا سکتے ہیں؟

3. خدا کی یہ صفت آپ کی دعاؤں پر کیسے اثر انداز ہوتی ہے؟

4. خدا کی یہ صفت آپ کی بشارت پر کیسے اثر انداز ہوتی ہے؟

مراقبہ / حفظ کے لئے صحیفہ کی آیت---------

یسعیاہ باب **41**، آیت **10** – تو فکر مت کر، میں تیرے ساتھ ہوں۔ تو خوفزدہ مت ہو، میں تیرا خدا ہوں۔ میں تجھے زور بخشونگا۔ میں یقیناً تیری مدد کروں گا اور میں اپنی فتحمندی کے داہنے ہاتھ سے تجھے سنبھا لوں گا۔

---دعا

یہوواہ خدا، تو خالق، محافظ، ہر چیز کا مالک، میں تیری موجودگی یا اختیار سے نہیں بچ سکتا، اور نہ ہی میں ایسا کرنا چاہتا ہوں...

یہ مجھے دنیا کی ہوس سے بچائے، دل
و دماغ کو آسائشوں سے محروم رکھے،
موت کی وادی میں مجھے زندہ کرے،
مجھ میں آسمانی شبیہ پیدا کرے، اور
مجھے روحانیت کے پہلے پھلوں سے
لطف اندوز ہونے کا موقع دے،

جیسے فرشتے اور اولیاء خدا جانتے ہیں۔

آمین!

صفت 4

خدا کا علم

ایک مصنف نے کہا ہے کہ خدا کے علم سے مراد اس کی تمام چیزوں کو جاننے کی صلاحیت ہے، أصل اور ممکن، ماضی، حال، اور مستقبل ایک ابدی عمل میں۔

خدا کا علم، بصورت دیگر خدا کی ہمہ دانی کے نام سے جانا جاتا ہے، خدا کی سب جاننے والی صفت سے متعلق ہے۔ لاطینی میں، "اومنی" کا مطلب ہے "سب" اور "سائنس" کا أصل معنی میں مطلب ہے "علم" یا "جاننا۔" آرتھر پنک لکھتے ہیں:

خدا . . . سب کچھ جانتا ہے: ہر ممکن، سب کچھ حقیقی؛ تمام واقعات اور تمام مخلوقات، ماضی، حال اور مستقبل کے۔

دوسرے الفاظ میں، خدا کو کچھ سیکھنے کی ضرورت نہیں ہے، اور نہ ہی وہ آہستہ آہستہ سب کچھ جاننے والا ہوا ہے۔ ہر چیز کے بارے میں اس کا علم تھا، ہے، اور ہمیشہ کامل رہے گا (ایوب باب 37، آیت

16)۔ کوئی بھی چیز اسے حیرت سے نہیں پکڑتی، حتیٰ کہ بدترین کام بھی نہیں، اور کوئی بھی چیز، قطعی طور پر کچھ بھی، اس کی توجہ سے بچ نہیں پاتی۔

خدا کا علم حقیقی اور ممکنہ واقعات تک پھیلا ہوا ہے

خدا جانتا ہے کہ کیا ہو چکا ہے، کیا ہو گا، کیا ہو سکتا ہے، اورابھی تک کیا ہو سکتا ہے۔ متی، باب 11، آیت 21 میں، یسوع نے کہا، "اے خرا زین والو! افسوس ہے تم پر میں تمہا رے کس انجام کو بتا ؤں؟ اور اے بیت صیدا! تمہا را بھی کیا انجام بتا ؤں افسوس ہے تم پر بہت سے معجزات بتا یا ہوں۔ اگر وہ غیر معمو لی کام اور معجزے صور اور صیدا میں ہو تے تو ان کے رہنے والے ایک عرصہ پہلے ہی اپنی زندگیوں میں انقلاب لا ئے ہوتے اور اپنے کئے ہوئے کامو ں پرپچھتا تے ہوئے ٹاٹ کا ٹکڑا اوڑھ لیتے اوراپنے سر پر راکھ ڈال لیتے۔" یسوع نے تاکید کے ساتھ کہا کہ ٹائر اور سیدون ان معجزوں کو دیکھ لیتے جو یسوع نے کُرازین اور بیت صیدا کے لوگوں نے دیکھے ہوتے تو وہ توبہ کر لیتے۔ یہ اس بات کا علم ہے کہ

کیا ہو سکتا ہے، نہ کہ کیا ہوا ۔ یہ خدا کے علم کی وسعت ہے۔

شاید صحیفے کا سب سے زیادہ جانا پہچانا حصہ جو خدا کی علمیت کو بیان کرتا ہے۔ زبور باب 139، آیات 1تا 6 اور آیات 15 تا 16، جو کہتی ہے، "اے خدا خداوند! تُو نے مجھے جانچ لیا ہے۔ میرے بارے میں تُو سب کچھ جانتا ہے۔ تُو جانتا ہے کہ میں کب بیٹھتا ہوں اور کب کھڑا ہو تا ہوں۔ خداوند تُو دُور ہو تے ہوئے بھی میرے خیالا ت کو جانتا ہے۔ اے خداوند! تُو وا قف ہے کہ میں کہاں جا تا اور کب لو ٹتا ہوں۔ میں جو کچھ کر تا ہُو ں سب کو تُو جانتا ہے۔ اے خداوند! اِس سے پہلے کہ میرے مُنہ سے لفظ نکلے، تُجھ کو پتہ ہو تا ہے کہ میں کیا کہنا چاہتا ہوں۔ اے خداوند! تُو میرے چاروں جانب چھایا ہُوا ہے۔ تو میرے آگے اور پیچھے بھی ہے۔ تو اپنا ہا تھ میرے اُوپر نرمی سے رکھتا ہے۔ مجھے حیرت ہے اُن باتوں پر جن کو تُو جانتا ہے، جس کا میرے لئے سمجھنا بہت مُحال ہے۔... میرے بارے میں تُو سب کچھ جانتا ہے۔ جب میں اپنی ماں کے پیٹ میں پوشیدہ تھا، جب میرا وجُود رُوپ لے رہا تھا، تبھی تُو نے میری ہڈیوں کو دیکھا۔ تیری آنکھوں نے میرے جسم کو بنتے دیکھا، تُو نے میرے تمام اعضا کی فہرست بنا ئی۔ ہر روز تُو نے مجھے

خدا کی صفات

دیکھا اور ان میں سے کوئی بھی عضو نہیں چھُٹا ہے۔" یہ واقعی ہماری محدود سمجھ سے بالاتر ہے کہ ایک ایسے خدا کو سمجھنا جو ہمیں اس قدر پیچیدہ طریقے سے جانتا ہے!

صرف یہی نہیں، بلکہ خدا اپنی دوسری مخلوقات جیسا کہ پرندے حتیٰ کہ ستاروں کے بارے میں بھی جانتا ہے۔ زبور باب 147، آیات 4 تا 5 کہتی ہے، "خداوند ستاروں کوشمار کرتا ہے اور ہر ایک تارے کا نام جانتا ہے۔ ہمارا خداوند نہایت عظیم ہے اور بہت قوّت والا ہے۔ اور اس کے علم کی کوئی حد نہیں ہے۔" زبور باب 50، آیت 11 کہتی ہے کہ خدا "پہاڑوں کے سب پرندوں کو جانتا ہوں۔"

خدا مستقبل کو بھی جانتا ہے کہ جو واقعات رونما ہوں گے۔ بس یہ حقیقت کہ ان کی پیشین گوئیوں کے مطابق بہت ساری پیشین گوئیاں پوری ہوئیں ہمیں اس حقیقت کو سکھانا چاہیے (مثلاً کنواری پیدائش جیسا کہ یسعیاہ باب 7، آیت 14 میں پیشین گوئی کی گئی ہے اور متی، باب 1، آیات 18 تا 25 میں پوری ہوئی ہے، اور بیت اللحم، وہ جگہ جہاں یسوع پیدا ہو جائے گا۔ میکاہ باب 5، آیت 2 میں پیشین گوئی کے مطابق پیدا ہوا اور لوقا، باب 2، آیات 4 تا 7 میں پورا ہوا)۔ ان سے ہمیں یہ

— 77 —

صفت 4: خدا کا علم

اعتماد ملنا چاہیے کہ خدا جو کچھ اس نے بائبل کے بہت سے حصوں میں نازل کیا ہے اسے پورا کرے گا، بشمول مکاشفہ کی کتاب جو مستقبل کے واقعات کے بارے میں بتاتی ہے، جیسے کہ وہ چیزیں جو ''کہ فوری طور پر کیا ہونے والا ہے'' (مکاشفہ باب 1، آیت 1)۔

یسوع کی ہمہ دانی

یہاں تک کہ یسوع نے اپنی زمینی خدمت میں اس صفت کو استعمال کیا، اس طرح اپنی الہی فطرت کو ظاہر کیا۔ ایک مفلوج آدمی کو گناہوں کی معافی کا اعلان کرنے پر اس پر توہین مذہب کا الزام لگانے والے فریسیوں کو اس کی سرزنش میں، ہم یہ الفاظ پڑھتے ہیں، "انکا اس طرح سوچنا یسوع کو معلوم ہوا۔ انہوں نے ان سے کہا، ''تم ایسی بڑیبات کیوں سوچتے ہو؟''" (متی باب 9، آیت 4)۔ ہمہ دانی صرف خدا کے لیے مخصوص ہے۔ اگر یسوع ان کے خیالات کو جانتا تھا، تو وہ بھی الہی ہے!

لیکن لوقا باب 2، آیت 52 کے بارے میں کیاجو کہتا ہے، "یسوع علمی صلاحیت میں اور جسمانی طور پر دن بدن بڑھتا رہا خدا اور لوگ اس سے خوش ہوئے۔"

یسوع مسیح کو حکمت میں اضافہ کیوں کرنا پڑا اگر وہ پہلے سے ہی عالم تھا؟ یہاں حکمت میں بڑھنے کا خیال یسوع کی انسانیت کی طرف اشارہ کرتا ہے؛ اسے بچپن میں ابھی پوری حکمت نہیں آئی تھی۔

اگرچہ یسوع مکمل طور پر خدا تھا (یوحنا باب 1، آیات 1 اور 14)، جب اس نے انسانی فطرت کو اختیار کیا (فلپیوں باب 2، آیات 6 تا 8)، اپنی انسانیت میں، اس نے اپنے آپ کو تمام شعبوں میں انسانی نشوونما کے معمول کے عمل کے حوالے کرد یا۔ بعد میں، یہاں تک کہ اپنی عوامی وزارت میں، خدا انسان کے طور پر، یسوع نے ہمیشہ باپ کی مرضی کے مطابق اپنی الہی صفات کا استعمال کیا (یوحنا ،باب 6، آیت 38)۔ مثال کے طور پر، کچھ مواقع ایسے تھے جہاں اس کی ہمہ دانی ظاہر ہوتی تھی (متی باب 9، آیت 4؛ یوحنا باب 2، آیات 23 تا 25) اور کچھ مواقع پر، اسے استعمال کرنے سے روک دیا گیا تھا (مرقس، باب 13، آیت 32) کیونکہ یہ باپ کی مرضی تھی۔

روح القدس کا ہمہ دانی

روح القدس بھی ہمہ دان ہے۔ پولس 1 کرنتھیوں باب 2، آیت 11 میں لکھتا ہے، "کوئی شخص بھی دوسرے

شخص کے خیا لات سے واقف نہیں ہے سوائے اس شخص کی روح کے جو خود اس کے اندر ہے اس طرح سوائے خدا کی روح کے کو ئی شخص بھی خدا کی باتیں نہیں جانتا۔" یہ بیان واضح طور پر ظاہر کرتا ہے کہ روح القدس، جو خدا کے تمام خیالات کو جانتا ہے، بھی الہی ہے!

لہذا، تثلیث کے **تینوں افراد ہمہ دان ہیں**۔ وہ سب کچھ جانتے ہیں اور ان سے کوئی چیز پوشیدہ نہیں ہے۔ اب، یہ سچائیاں مومنوں کو کیسے فائدہ پہنچاتی ہیں؟ کم از کم چار طریقوں سے۔

1. یہ ہمیں خدا کی مزید تعریف کرنے کی طرف لے جاتا ہے۔

اگرچہ کافر یہ پسند نہیں کرتے کہ خدا ہمہ دان ہے، مومنوں کو اس صفت کے لئے خوف میں رہنا چاہئے اور خدا کی تعریف کرنی چاہئے۔ سچائیاں، جیسے کہ خدا رحم سے ہی ہمارے بارے میں سب کچھ جانتا ہے، ہمارے سر کے تمام بالوں کو جانتا ہے، یہ جاننا کہ ہم کیا سوچ رہے ہیں، یہ جاننا کہ ہمارے منہ سے کیا الفاظ نکلنے سے پہلے ہی نکلتے ہیں، ستاروں کی تعداد کو جاننا، جانوروں کی تعداد، اور اسی طرح ہمیں

یہ کہتے ہوئے داؤد کی تعریف میں شامل ہونے کا باعث بننا چاہیے، ’’مجھے حیرت ہے اُن باتوں پر جن کو تُو جانتا ہے، جس کا میرے لئے سمجھنا بہت مُحال ہے‘‘ (زبور، باب 139، آیت 6)۔ ہم جنہوں نے اس خوفناک خُدا کو جاننے کے لیے اپنی آنکھیں کھولی ہیں اُن کو ہر چیز کے بارے میں اُس کے علم کے لیے مسلسل اُس کی تعریف کرنی چاہیے۔

2. یہ ایک بے سکون روح کو بہت سکون دیتا ہے

آزمائشوں میں۔ لوقا باب 12، آیت 7 میں، یسوع نے کہا، "درحقیقت، آپ کے سر کے تمام بال گنے ہوئے ہیں۔ ڈرو مت؛ تم بہت سی چڑیوں سے زیادہ قیمتی ہو۔" کتنی تسلی بخش سوچ! زبور باب 56، آیت 8 ہمیں یاد دلاتا ہے کہ خدا ہمارے آنسوؤں کا حساب بھی رکھتا ہے۔ لہٰذا، بڑی آزمائشوں کے دوران بھی، ہمیں فکر نہیں ہونا چاہیے کیونکہ وہ جانتا ہے کہ ہم کن حالات سے گزر رہے ہیں۔

ناکامیوں میں۔ نہ صرف آزمائشوں میں خُدا کی ہمہ دانی کا علم سکون لاتا ہے، بلکہ جب ہم گناہ کرتے ہیں اور گڑبڑ کرتے ہیں تو یہ سکون بھی لاتا ہے۔ ایسا کیسے؟ یاد رکھو، خدا شروع سے آخر تک سب کچھ

جانتا ہے، یہاں تک کہ ہماری تخلیق سے پہلے۔ لہٰذا، ہمارا کوئی گناہ خُدا کو حیرت میں نہیں ڈالتا، چاہے وہ ہمیں حیران کر دے۔

زبور باب 103، آیت 14 کہتی ہے کہ خدا جانتا ہے کہ ''ہم مٹی سے بنے ہیں'' وہ جانتا ہے کہ ہم اسے کبھی کبھار ناکام کر دیں گے۔ اور یہ جاننے کے باوجود کہ ہم بار بار ناکام ہو جائیں گے، خُدا نے پھر بھی اپنی ثابت قدمی ہم پر قائم رکھی تاکہ ہمیں آخر تک بچانے اور محفوظ رکھے۔ یہ بہت تسلی بخش ہے! اس لیے ہم آزادانہ طور پر اپنے تمام گناہوں اور ناکامیوں کا خدا کے سامنے اعتراف کر سکتے ہیں اور شرمندہ نہیں ہو سکتے۔ وہ بہرحال ہماری ناکامیوں کو جانتا ہے۔ وہ چاہتا ہے کہ ہم اپنے اعتراف میں صاف ہو جائیں تاکہ ہم اس کے سکون کا تجربہ کر سکیں (1 یوحنا باب 1، آیت 9)۔ اس کے علاوہ، خُدا ہمارے گناہوں کا حساب برقرار نہیں رکھتا۔ زبور باب 130، آیات 3 تا 4، کہتا ہے، "ا ے خداوند! اگر تُو لوگوں کو اُن کے سبھی گنا ہوں کی سچ مُچ میں سزا دے تو پھر کو ئی بھی زندہ با قی نہ رہے گا۔ اے خداوند! اپنے لوگوں کی مغفرت کر۔ پھر تیری عبادت کر نے کو وہاں لوگ ہوں گے۔" خُدا نہ صرف ہمارے گناہوں کا ریکارڈ نہیں رکھتا، بلکہ وہ وعدہ کرتا ہے کہ ''اور ان

کے گناہوں کو پھر کبھی یاد نہ کروں گا“ (عبرانیوں باب 8، آیت 12؛ یسعیاہ باب 43، آیت 25) جب ہم اُس کے بچے بن جائیں گے۔ غلط نہ سمجھیں۔ جب خدا ہمارے گناہوں کو بھول جاتا ہے تو اسے یادداشت کے مسائل نہیں ہوتے؛ اس کا مطلب ہے کہ خدا انہیں قیامت کے دن ہمارے چہروں پر واپس نہیں پھینکے گا۔

پطرس نے گناہ کیا جب اس نے تین بار خداوند کا انکار کیا، لیکن جب جی اٹھے ہوئے خداوند نے تیسری بار اس سوال کے ساتھ اس کا سامنا کیا، ”کیا تم مجھے عزیز رکھتے ہو؟“ تو پیٹر کا جواب کیا تھا؟ ”اے خدا وندتم *ہر بات جانتے ہو* تم یہ بھی جاتے ہو کہ میں تمہیں عزیزرکھتا ہوں“ (یوحنا باب 21، آیت 17، ترچھا میرا ہے)۔ پیٹر کی درخواست کی بنیاد کیا تھی؟ یسوع مسیح کی ہمہ دانی! دوسرے الفاظ میں، پیٹر نے کہا، ”خداوند، آپ میرے دل کو جانتے ہیں۔ اگرچہ میں نے آپ کو جھٹلایا، لیکن آپ جانتے ہیں کہ میں نے یہ خوف سے کیا ہے۔ اندر سے، تم جانتے ہو کہ میں تم سے پیار کرتا ہوں۔ “ وہ یہی کہہ رہا تھا۔ اور پیار کرنے والے یسوع مسیح نے اسے آزادانہ بغیر کسی پابندی سے معاف کر دیا اور اسے خدمت پر بحال کیا۔ اب، یہ تسلی بخش ہے!

کبھی کبھی، ہمارے دل ہمارے گناہوں کی معافی مانگنے کے بعد بھی ہماری مذمت کرتے ہیں۔ ہم خود کو مسلسل مارتے ہیں۔ ہمیں ایسا کرنے سے گریز کرنا چاہیے! جان کی یقین دہانی کو یاد رکھیں، ''اگر ہمارا ضمیر کہتا ہے کہ ہم قصور وار ہیں تو ہم خدا کے سامنے اپنے ضمیر کی اصلاح کریں کیوں کہ خدا ہمارے دلوں سے بھی عظیم ہے وہ ہر چیز جانتا ہے'' (1 یوحنا باب 3، آیت 20)۔ ہر چیز کے بارے میں خدا کے علم میں تسلی حاصل کریں۔

3. یہ ہمیں اعتماد کے ساتھ دعا کرنے کی ترغیب دیتا ہے۔

متی باب 6، آیت 8 میں، دعا کے تناظر میں، ہمارا خُداوند خود ہمیں خُدا کی ہمہ دانی کی یاد دلاتے ہوئے دعا کرنے کی ترغیب دیتا ہے: ''اس لئے کہ تمہارے مانگنے سے پہلے تمہارے باپ کو معلوم ہے کہ تمہیں کیا چاہئے۔'' اب، بعض کو انہی الفاظ کی وجہ سے نماز ادا کرنے میں دقت ہوتی ہے، وہ سوچتے ہیں کہ اگر خدا جانتا ہے کہ ہمیں پہلے سے کس چیز کی ضرورت ہے، تو ہم کیوں دعا کریں؟ جہاں ایک سب کچھ جاننے والا خدا تمام چیزوں کا انجام مقرر کرتا ہے، وہ اسباب بھی مقرر کرتا ہے۔ دوسرے لفظوں

میں، دعا ان ذرائع میں سے ایک ہے جس کے ذریعے
خدا اس چیز کو پورا کرتا ہے جس کا اس نے پہلے
سے منصوبہ بنا رکھا ہے۔ اس کے علاوہ، دعا اس پر
ہمارا انحصار ظاہر کرنے کا ایک طریقہ ہے۔ یہی وجہ
ہے کہ جب ہم خُدا کے فضل کے تخت کے قریب
پہنچتے ہیں تو ہم بہت اعتماد رکھ سکتے ہیں، یہ جانتے
ہوئے کہ وہ ہماری تمام ضروریات سے پوری طرح
واقف ہے!

4. یہ جوابدہی کا زیادہ احساس پیدا کرتا ہے۔

امثال باب 5، آیت 21 کہتی ہے، ''خداوند تمہا رے ہر
کام کو جسے تو کرتا ہے اچھی طرح دیکھتا ہے۔جہاں
تم جا تے ہو وہاں خداوند کی نگاہ ہے۔'' امثال باب 15،
آیت 3 کہتی ہے، "خدا وند ہر چیز سے با خبر ہے وہ
اچھے اور برے ہر شخص پر نظر رکھتا ہے۔" یہ آیات
اپنے ساتھ بڑے احتساب کا احساس دلاتی ہیں۔ ہم جو
کچھ سوچتے یا کرتے ہیں وہ خدا کے علم سے پوشیدہ
نہیں ہے۔

بائبل مزید آگے بڑھتی ہے۔ خدا نہ صرف ہمارے تمام
طریقوں کو جانتا ہے، بلکہ وہ ہمارے تمام مقاصد کو
بھی جانتا ہے۔ لہٰذا، یہ صرف یہ نہیں ہے کہ ہم کیا

کرتے ہیں، بلکہ اس کے محرکات بھی اہم ہیں، ہم یہ کیوں کرتے ہیں! پولس 1 کرنتھیوں، باب4، آیت5 میں یہ واضح کرتا ہے، "اس لئے وقت سے پہلے کسی بات کا فیصلہ نہ کرو۔ جب خداوند آئے گا وہ تا ریکی میں چھپی ہو ئی باتوں کو ظاہر کر دے گا اور دلوں کی پوشیدہ باتوں کو جاننے وا لا بنا دے گا اس وقت ہر ایک کی تعریف خدا کی طرف سے ہو گی۔" یہ آیت ہر قسم کے فیصلے سے منع نہیں کرتی بلکہ دوسروں کے دل کے ارادوں پر فیصلہ کرنے سے منع کرتی ہے۔ ہم ہر دل کے محرکات کو نہیں جانتے۔ صرف خدا ہی جانتا ہے، اور وہ مستقبل میں ان کے مقاصد کا فیصلہ کرے گا۔

مثال کے طور پر، ہم ہو سکتے ہیں:

- ظاہری طور پر عاجز لیکن باطنی طور پر مغرور۔
- ظاہری طور پر فیاض لیکن باطنی طور پر لالچی۔
- ظاہری طور پر ہماری خدمت میں بے لوث لیکن باطنی طور پر اپنے خود غرض ایجنڈے کو فروغ دینے کے لیے کوشاں ہیں۔

- ظاہری طور پر پیار کرنے والا لیکن باطن میں حسد اور نفرت سے بھرا ہوا ہے۔

فہرست جاری رہ سکتی ہے۔ سب سے اہم بات یہ ہے: محض ظاہری اعمال خدا کو بیوقوف نہیں بناتے۔ وہ دلوں کو دیکھتا ہے اور محرکات کو جانچتا ہے۔ ہم ظاہری طور پر کچھ "مسیحی" کر سکتے ہیں اور دوسرے ہماری تعریف بھی کر سکتے ہیں۔ پھر بھی خدا ہمارے أصل مقاصد کو جانتا ہے! اس لیے نقاب پہننا بیکار ہے - جان بوجھ کر منافقت کرنا بیکار ہے۔ خدا ہمارے "حقیقی" آپ اور میں کو جانتا ہے! اس کے برعکس بھی لاگو ہوتا ہے۔ یہاں تک کہ اگر دوسرے ہم پر کسی عمل پر تنقید کرتے ہیں، اگر ہمارے مقاصد حقیقی طور پر خدا پرست ہیں، تو ہم اس بات سے تسلی حاصل کر سکتے ہیں کہ خدا ہمارے أصل مقاصد کو جانتا ہے - خواہ لوگ ان سے واقف نہ ہوں۔ اس طرح خدا کا کامل علم جوابدھی کا زیادہ احساس لاتا ہے۔

لہٰذا، چار فائدے ہیں جن کا تجربہ مومن خدا کی ہمہ دانی کو جاننے/اس پر غور کرنے سے کر سکتا ہے:

1. یہ ہمیں خدا کی مزید حمد کرنے کی طرف لے جاتا ہے۔

2. اس سے ہماری بے سکون روحوں کو بہت سکون ملتا ہے۔

3. یہ ہمیں اعتماد کے ساتھ دعا کرنے کی ترغیب دیتا ہے۔

4. یہ جوابدہی کا زیادہ احساس پیدا کرتا ہے۔

تاہم، غیر مسیحیوں کے لیے، یہ خُدا کی حاکمیت کی صفت کے ساتھ ان صفات میں سے ایک ہے (یعنی، خُدا جو بھی کرنا چاہتا ہے کرتا ہے)، جو اُن کو سب سے زیادہ پریشان کرتا ہے۔ کیوں؟ فطرت کے لحاظ سے، ہم نہیں چاہتے کہ کوئی بھی اس سے زیادہ جانے جو ہم چاہتے ہیں کہ وہ ہمارے بارے میں جانیں، یہاں تک کہ غیر گناہی مسائل کے بارے میں بھی۔ اور جب بات صریح برے کاموں کی ہو تو اس صفت کے خلاف مزاحمت اور بھی بڑھ جاتی ہے۔ مثال کے طور پر، زنا کو اب اس طرح نہیں کہا جاتا ہے۔ اب، اسے "ذاتی معاملہ" کہا جاتا ہے، یعنی یہ آپ کا کوئی لین دین نہیں ہے۔ اور ایسی سوچ خدا کی طرف بھی پھیلتی ہے: خدا، میری زندگی میں دخل اندازی نہ کریں۔ میں جو کرتا ہوں وہ میرا ذاتی معاملہ ہے۔

خدا کی صفات

یسوع مسیح نے یوحنا باب 3، آیت 19 میں واضح الفاظ میں اس رویے کا خلاصہ کیا، "لوگوں کی عدالت اس طرح ہو گی کہ نور دُنیا میں آیا لیکن انسان نیکی کی طرف نہیں آیا وہ گناہ کی طرف ما ئل ہوا۔کیوں کہ وہ بری حرکتیں کرتا ہے۔" گنہگار انسانیت نہیں چاہتی کہ ان کے اعمال بے نقاب ہوں: یہ میری ذاتی زندگی ہے۔ مجھے شرمندہ مت کرو یا مجھے میرے اعمال کے بارے میں برا محسوس نہ کرو۔ بس مجھے اکیلا چھوڑ دو۔ اور اگر کوئی ہر چیز کے بارے میں خدا کے علم کو سامنے لاتا ہے اور یہ کہ ہمیں ایک دن اسے حساب دینا ہے، تو زبردست مزاحمت ہوتی ہے۔

اس قسم کا رویہ کوئی نئی بات نہیں ہے۔ یہ یسعیاہ کے زمانے میں بھی موجود تھا جب راستبازوں نے اپنے گناہوں کے لیے شریروں کا سامنا کیا: ”یہ لوگ ان بچوں کے جیسے ہیں جو اپنے ماں باپ کی بات ماننے سے انکار کر تے ہیں۔ وہ جھو ٹے ہیں اور خداوند کی شریعت کو سننے سے انکار کر تے ہیں۔ وہ نبیوں سے کہتے ہیں اب اور رو یا مت دیکھو۔ہمیں سچا ئی مت بتا ؤ۔ہم سے ایسی باتیں کہو جو ہم سننا پسند کر تے ہیں۔ہمارے لئے صرف اچھی چیزیں ہی دیکھو۔ اس راستہ کو چھو ڑدو۔اس راستے سے ہٹ جا ؤ۔ اور اسرائیل کے قدو س کے بارے میں ہمیں بتانا چھوڑدو“

(اشعیا باب 30، آیات 9 تا 11)۔ ہمیں خدا کی یاد نہ دلائیں۔ ہمیں اکیلا چھوڑ دو۔ ہم جو کرتے ہیں وہ ہمارا ذاتی معاملہ ہے۔ یہ ان کا رویہ تھا۔

آپ دیکھتے ہیں، گروپ پولیس کے اس پرانے مقبول گانے کو پسند کرنا ایک چیز ہے، جس کے بول ہیں: "ہر سانس جو آپ لیتے ہیں، آپ کی ہر حرکت، ہر رشتہ جو آپ توڑتے ہیں، ہر قدم جو آپ اٹھاتے ہیں، میں آپ کو دیکھتا رہوں گا۔" لیکن یہ اور بات ہے کہ خدا ہماری ہر سوچ اور ہر حرکت کو دیکھ رہا ہے! یہ ایک بغاوت کرنے والی سوچ ہے۔ اور گنہگار خدا ہونے کی وجہ سے خدا سے نفرت کرتے ہیں! لیکن یہ ایک عالم خدا کو وہ ہونے سے نہیں روکے گا جو وہ ہے۔ وہ ہماری مرضی کے آگے نہیں جھکے گا اور نہ ہی ہمیں برداشت کرنے کے لیے اپنے طریقے بدلے گا۔ وہ ہمارے بارے میں سب کچھ جانتا ہے اور ہم سے حساب لے گا۔ ہم اُس سے بچ نہیں سکتے۔ عبرانیوں باب 4، آیت 13 کہتی ہے، ''اس دنیا میں کوئی بھی چیز خدا سے چھپی ہوئی نہیں ہے وہ ہر چیز کو صاف دیکھتا ہے اور ہر چیز اس کے سامنے ظاہر ہے۔ ہمیں اس کو جواب دینا ہے۔" غور کریں، "ہر چیز بے نقاب اور کھلی ہوئی ہے" ایک سب جاننے والے اور سب کچھ دیکھنے والے خُدا کے سامنے!

ہم اندھیرے میں کیا کرتے ہیں، وہ جانتا ہے۔ زبور باب 139، آیات 11 تا 12 کہتا ہے، ''اگر میں کہوں کہ یقیناً تاریکی مجھے چُھپا لے گی، اور میرے چاروں طرف کا اُجا لا رات بن جا ئے گا۔ مگر خداوند اندھیرا تیرے لئے اندھیرا نہیں ہے۔ تیرے لئے رات بھی دن کی مانند روشن ہے۔'' دانیال باب 2، آیت 22 پڑھتا ہے، ''وشیدہ رازوں کو وہی ظاہر کرتا ہے جن کا لوگوں کو سمجھنا بہت مشکل ہے۔ روشنی اسی کے ساتھ ہے۔ اور وہ جانتا ہے کہ اندھیرے میں کیا پوشیدہ ہے۔'' برے رہنما کو "برائی کی سازش" کرنے پر ملامت کرتے وقت (حزقی ایل باب 11، آیت 2)، یہ وہی ہے جو خُدا نے کہا، "میں جانتا ہو ں کہ تم کیا سوچ رہے ہو" (باب 11، آیت 5)، اس طرح اُن کو اُس کی ہمہ دانی کی یاد دلاتا ہے۔

اس کے برعکس، زبور باب 10، آیت 11ب اور 13ب کے مطابق، بدکار اس طرح سوچتے ہیں۔: ”خدا نے ہم لوگوں کو بھلا دیا ہے ! خدا ہم لوگوں سے مستقل طور پر دُور چلا گیا ہے... خدا اُنہیں کبھی سزا نہیں دے گا۔'' لیکن وہ بھول جاتے ہیں کہ خدا دیکھ رہا ہے۔ ایوب باب 34، آیت 21 کہتی ہے، "انسان جسے کرتا ہے خدا اسے دیکھتا ہے۔ انسان جو بھی قدم اٹھا تا ہے خدا اسے جانتا ہے۔" غور کریں کہ خُدا خود اُن لوگوں

کے بارے میں کیا کہتا ہے جو ایسے رہتے ہیں گویا وہ اُن کے گناہوں کو نہیں دیکھتا ہے:

گنتی باب 32، آیت 23 – *اچھی طرح جان لو کہ تم اپنے گناہ کے لئے سزا پاؤ گے۔*

یرمیاہ باب 16، آیت 17 – *میں یہ کروں گا کیوں کہ میں وہ سب دیکھ چکا ہوں جو وہ کئے ہیں۔ یہوداہ کے لوگ ان کاموں کو مجھ سے چھپا نہیں سکتے جنہیں وہ کر تے ہیں۔ان کے گنا ہ مجھ سے چھپے نہیں ہیں۔*

ہوسیع باب 7، آیت 2 – *لوگوں کو یقین نہیں ہے کہ میں ان ساری شرارت سے وا قف ہوں۔ اب ان کے اعمال جو مجھ پر عیاں ہیں ان کو گھیر لیا ہے۔*

اور ایک دن، یہ خدا جو سب کچھ دیکھتا ہے ان لوگوں کا فیصلہ کرے گا جنہوں نے اپنے گناہوں سے باز نہیں آئے اور اس کی طرف رجوع کیا۔ انتباہ کے یہ ان کے پختہ الفاظ ہیں: ”لیکن میں خدا وند ہوں اور انسان کے دل کو جان سکتا ہوں۔ میں کسی فرد کے دماغ کی بھی

جانچ کر سکتا ہوں۔ میں ہر شخص کو اسکے کام کے مطابق جس کے وہ مستحق ہیں وہ دونگا'' (یرمیاہ باب 17، آیت 10؛ مکاشفہ باب 2، آیت 23 بھی دیکھیں)۔

وہی خُدا جو اُن لوگوں کے گناہوں کو بھولنے کا وعدہ کرتا ہے جنہوں نے اپنے بیٹے یسوع پر ایمان لایا، جس نے اپنے گناہوں کی سزا لی، وہ ایک اور چیز کا بھی وعدہ کرتا ہے: وہ اُن لوگوں کے گناہوں کو یاد رکھے گا جو اپنے گناہوں کو اس کے بیٹے یسوع کا خون میں چھپائے بغیر مرتے ہیں۔ اور وہ ان کو اس طرح یاد رکھے گا کہ وہ اسے ان کی توجہ دلائے گا جب وہ آخری فیصلہ سنائے گا - انہیں ہمیشہ کے لیے آگ کی جھیل میں پھینک کر۔

تو، یہ وہ حقیقت ہے جو ان لوگوں کا سامنا کرتی ہے جنہوں نے کبھی یسوع پر بھروسہ نہیں کیا۔ خدا کی ہمہ دانی آپ کے تمام گناہوں کو روشنی میں لائے گی۔ ایسے انجام سے بچنے کا واحد طریقہ یہ ہے کہ اپنے گناہوں سے باز آجائیں اور صرف یسوع پر بھروسہ کریں۔ کیا آپ آج یہ کریں گے؟

صفت 4: خدا کا علم

بحث کے سوالات---------------------------

1. اس باب نے خدا کا علم کے بارے میں آپ کے نظریہ کو کیسے متاثر کیا ہے؟
2. خدا کی اس صفت کی روشنی میں آپ زندگی میں کیا تبدیلیاں لا سکتے
3. خدا کی یہ صفت آپ کی دعاؤں پر کیسے اثر انداز ہوتی ہے؟
4. خدا کی یہ صفت آپ کی انجیلی بشارت پر کیسے متاثر ہوتی ہے؟

مراقبہ / حفظ کے لئے صحیفہ کی آیت--------

امثال باب 5، آیت 21 – *خداوند تمہارے ہر کام کو جسے تو کرتا ہے اچھی طرح دیکھتا ہے۔جہاں تم جا تے ہو وہاں خداوند کی نگاہ ہے۔*

دعا-------------------------------------

اے رب، تو سب کچھ جاننے والا ہے۔ تجھ سے کچھ بھی پوشیدہ نہیں۔ براہِ کرم اس میں تسلی حاصل

کرنے میں میری مدد فرمائیں اور، ساتھ ہی، جب میں آزمائش میں ہوں تو اس سچائی کو یاد رکھیں ۔ آپ میرے مقاصد کو جانتے ہیں، میں جو کچھ کرتا ہوں وہ کیوں کرتا ہوں۔ مجھے دوسروں کو دھوکہ دینے کے لیے نقاب پہننے سے بچائیں اور اس عمل میں خود کو بیوقوف بنانے سے بچائیں ۔ براہِ کرم مجھے ایسی زندگی گزارنے میں مدد کریں جو اندر اور باہر دونوں طرف صاف ہو۔ آمین!

صفت 5

خدا کی پدریت

خُدا کی پدریت سے مراد وہ ہر اس شخص کا باپ ہے جو اس کے بیٹے، یسوع مسیح، پر ایمان کے ذریعے اس کے پاس آتا ہے۔

اپنی کتاب" خدا کوجاننا" میں جے آئی پیکر (J.I.Packer) نے خدا کے باپ کے بارے میں درج ذیل لکھا:

اگر آپ یہ فیصلہ کرنا چاہتے ہیں کہ ایک شخص عیسائیت کو کتنی اچھی طرح سے سمجھتا ہے، تو معلوم کریں کہ وہ خدا کا بچہ ہونے، اور خدا کو اپنے باپ کے طور پر رکھنے کے بارے میں کتنا خیال رکھتا ہے۔ اگر یہ وہ سوچ نہیں ہے جو اس کی عبادت اور دعاؤں اور زندگی کے بارے میں اس کے پورے نقطہ نظر کو اکساتی اور قابو کرتی ہے، تو اس کا مطلب ہے کہ وہ عیسائیت کو بالکل بھی اچھی طرح سے نہیں

سمجھتا ہے۔ ہر وہ چیز جو مسیح نے
سکھائی، ہر وہ چیز جو نئے عہد نامہ کو نیا
بناتی ہے، اور پرانے سے بہتر، ہر وہ چیز
جو مخصوص طور پر مسیحی ہے جیسا کہ
محض یہودیوں کے خلاف ہے، خدا کے باپ
کے علم میں جمع ہے۔ 'باپ' خدا کے لیے
مسیحی نام ہے۔

چونکہ خُدا کی صفات کا مطالعہ کرنے کا پورا مقصد
اُس کے بارے میں ہمارے علم میں اضافہ کرنا ہے —
کیونکہ خُدا کو صرف اُس کی صفات سے جانا جاتا
ہے — یہ پہچان خُدا کو مومن کے باپ کے طور پر
خدا کو بہتر طور پر سمجھنے کے لیے ضروری ہے۔
اس لیے اس باب میں، ہم خُدا کو اپنے باپ کے طور
پر دیکھیں گے۔

یوحنا اپنی انجیل کا آغاز یہ بیان کرتے ہوئے کرتا ہے
کہ یسوع مسیح کون ہے (یوحنا باب 1، آیات 1 تا 5)
اور اسے یہودی لوگوں کی طرف سے پذیرائی ملی
جب اصطباغ دینے والے یوحنا نے اس کا تعارف کرایا
(یوحنا باب 1، آیات 6 تا 13)۔ جب کہ اکثریت نے
اسے رد کر دیا، چند ایک نے اس پر ایمان رکھا۔ اور
اُس اقلیت کو جس نے یسوع مسیحکو گلے لگایا، یوحنا

صفت 5: خدا کی پدریت

نے یقین دہانی کے ان الفاظ سے اُنہیں تسلی دی: ''پھر بھی اُن سب کو جنہوں نے اُسے قبول کیا، اُن لوگوں کو جو اُس کے نام پر ایمان لائے، اُس نے خدا کے بچے بننے کا حق دیا'' (یوحنا باب 1، آیت 12). ہم یسوع مسیح میں اپنے ایمان کی وجہ سے خُدا کے بچے ہیں — یہی وعدہ ہے، یہی خدا کو اپنا باپ کہنے کے قابل ہونے کی حقیقی یقین دہانی ہے۔ اور یہ عمل جس کے ذریعے خُدا ہمیں اپنے بچے بناتا ہے اور اس کے ذریعے ہمیں اُسے "باپ" کہنے کے قابل بناتا ہے جسے بائبل "گود لینا" کہتی ہے۔ گود لینا ایک اعلیٰ ترین استحقاق ہے جس کا ہم تجربہ کر سکتے ہیں — جو کہ جواز سے بلند ہے۔ مجھے سمجھانے دو۔

جواز اس وقت ہوتا ہے جب ہمیں گناہوں سے معافی ملتی ہے۔ یہ تب ہوتا ہے جب ایک مجرم گنہگار ایک مقدس خُدا کے سامنے کھڑا ہوتا ہے، جسے موت کی سزا دی جاتی ہے، گناہوں سے توبہ کرنے اور یسوع مسیح پر ایمان رکھنے کی وجہ سے گناہ اور جرم سے آزاد ہو جاتا ہے۔ جواز ہر دوسری نعمت کی بنیاد ہے کیونکہ یہ ہماری بنیادی روحانی ضرورت کو پورا کرتا ہے۔ تاہم، یہ اعلیٰ ترین نعمت نہیں ہے۔ کیوں؟ جواز ایک قانونی اصطلاح ہے جو خدا کو جج کے طور پر دیکھتی ہے۔ اس کا تعلق خدا کے مقدس قانون

کے سامنے ہمارے کھڑے ہونے سے ہے۔ دوسری طرف، گود لینا ایک خاندانی خیال ہے۔ گود لینے میں، "خدا ہمیں اپنے خاندان کا فرد بناتا ہے۔" گود لینے سے خُدا کو باپ کے طور پر نظر آتا ہے، اس طرح نزدیکی، پیار اور سخاوت کی نشاندہی ہوتی ہے۔ "خدا کے منصف کے ساتھ درست ہونا ایک بڑی چیز ہے، لیکن خدا باپ کی طرف سے پیار اور اس کی دیکھ بھال اس سے کہیں زیادہ بڑی بات ہے۔" شاید مندرجہ ذیل مثال اس تصور کو بہتر طور پر سمجھنے میں ہماری مدد کر سکتی ہے:

فرض کریں کہ کسی نے آپ کے بیٹے کو قتل کر دیا اور اسے سزائے موت کا سامنا کرتے ہوئے جیل میں ڈال دیا گیا۔ آپ نے اس آدمی کو معاف کر دیا اور اسے آزاد کر دیا۔ یہ بذات خود ایک بڑی بات ہوگی۔ لیکن آپ وہاں نہیں رکتے۔ قاتل کے جیل سے رہا ہونے کے بعد، اب آپ اسے گود لیں، اسے اپنا بیٹا بنائیں، اور اسے وہ تمام مراعات دیں جو آپ کے بیٹے کو حاصل ہوتیں! یہ کیسا نظر آئے گا؟ لوگ تمہیں پاگل بھی کہیں گے! لیکن یہ آپ کی محبت کی بلندی اور اس نعمت کو ظاہر کرے گا جس نے آپ کے قیمتی بیٹے کو ہلاک کیا ہے۔

کیا یہ جواز اور اپنانے کی بائبل کی تصویر نہیں ہے؟ خدا جواز کے ساتھ روک سکتا تھا۔ لیکن اس نے ایسا نہیں کیا۔ جواز کی نعمت کے اوپر، اس نے ہمیں ایک اور بھی بہتر دیا — گود لینا، جس کے ذریعے وہ ہمیں اپنے بیٹے اور بیٹیاں بناتا ہے! اسی لیے گود لینا جواز سے زیادہ ناقابل یقین نعمت ہے۔ اور یہ اپنانے کے ذریعے ہی ہے کہ ہم خُدا کے باپ ہونے کو واضح طور پر ظاہر کرتے ہوئے دیکھتے ہیں۔

ایک باپ کے طور پر خدا کا تصور پرانے عہد نامے میں بھی موجود تھا (خروج باب 4، آیت 22 ؛ زبور، باب 103، آیت 13؛ یسعیاہ، باب 64، آیت 8)۔ تاہم، نئے عہد نامے میں، ہم خُدا کے باپ ہونے کو مکمل معنوں میں دیکھتے ہیں، یہ دیکھتے ہوئے کہ گود لینے کا تصور ہم پر زیادہ واضح طور پر ظاہر ہوتا ہے۔ گود لینے کا ترجمہ کیا گیا لفظ 5 بار ظاہر ہوتا ہے - اس کے تمام واقعات پولس کے خطوط میں ظاہر ہوتے ہیں (رومیوں باب 8، آیات 15 اور 23 اور باب 9، آیت 4؛ گلتیوں، باب 4، آیت 5؛ افسیوں باب 1، آیت 5)۔ پولس کے قارئین اس تصور کو واضح طور پر سمجھ چکے ہوں گے کیونکہ قدیم عہد نامہ کی نسبت نئے عہد نامے کے اوقات میں گود لینا زیادہ عام تھا (حالانکہ فرعون کی بیٹی نے موسیٰ کو گود لیا تھا)۔

رومن زمانے میں، دولت مندوں کے لیے یہ عام رواج تھا کہ وہ نوجوان بالغوں کو اپناتے تھے جنہیں وہ مناسب سمجھتے تھے اور خاندانی نام کو برقرار رکھ سکتے تھے۔ یہاں تک کہ بہت سے سیزرز اس عمل کی پیروی کرتے تھے۔

تاہم، خدا کی طرف سے ہمیں اپنانا انسانی گود لینے سے مختلف اور اعلیٰ ہے۔ خُدا نے ہمیں اس لیے نہیں اپنایا کہ اُس کی ضرورت تھی یا اِس لیے کہ اُس نے اپنے فائدے کے لیے ہم میں کچھ اچھا دیکھا۔ اس نے ہم میں جو کچھ دیکھا وہ باغی تھے جنہوں نے اس سے منہ موڑ لیا۔ پھر بھی، اُس نے ہمیں گود لیا کیونکہ اُس نے محض محبت کی وجہ سے ایسا کرنے کا انتخاب کیا تھا (افسیوں باب 1، آیات 4 تا 5)۔ ایسی محبت دماغ چکرانے والا ہے! یوحنا باب 17، آیت 26 میں، یسوع مسیح کی خواہش تھی کہ باپ اُن لوگوں سے محبت کرے جو یسوع مسیح کی پیروی کرتے ہیں اُسی محبت کے ساتھ جو وہ اپنے بیٹے کے لیے رکھتا ہے: "میں نے انہیں بتا یا ہے کہ تو کیا ہے اور لگا تار بتا تا رہوں گا کہ جو محبت تجھ کو مجھ سے ہے وہ انہیں ہو اور میں ان میں رہوں۔" الہی خاندان میں کوئی امتیاز نہیں ہے۔ ہم سے اسی طرح پیار کیا جاتا ہے جیسے یسوع مسیح سے پیار کیا جاتا ہے! کوئی تعجب

کی بات نہیں کہ یوحنا رسول تعریف میں پھوٹ پڑا، '' باپ نے ہم سے بے حد محبت کی ہے اس نے ہم سے اتنی محبت کی ہے کہ ہم خدا کے بچے کہلا تے ہیں'' (1 یوحنا باب 3، آیت 1)۔

اور ایسی محبت، جو ہمیں اپنانے کا باعث بنتی ہے، کم از کم چار عملی فوائد کے نتیجے میں۔

1. گود لینا ہمیں خدا کو ہمارا باپ کہنے کے قابل بناتا ہے۔

"ابا، باپ" کی اصطلاح یسوع مسیح نے خدا کو اپنے باپ کے طور پر مخاطب کرتے وقت استعمال کی تھی (مرقس باب 14، آیت 36)۔ روح القدس کی موجودگی کی وجہ سے مومن اسے "اے باپ، پیارے باپ" (گلتیوں باب 4، آیت 6) بھی کہہ سکتے ہیں۔ ایک شاندار نیا رشتہ جو ابد تک قائم رہے گا۔ ہمیں پیار کیا جاتا ہے، اچھی طرح سے خیال رکھا جاتا ہے، اور ہم اپنے شاندار آسمانی باپ سے کبھی جدا نہیں ہوں گے!

2. گود لینا ہماری نماز کی زندگی کو تقویت بخشتا ہے۔

جب ہم دعا کرتے ہیں تو یسوع مسیح نے ہمیں خُدا کو ''آسمان میں رہنے والے اے ہمارے باپ'' کے طور پر مخاطب کرنا سکھایا (متی باب 6، آیت 9)۔ یہ قربت ہمیں اس قابل بناتی ہے کہ ہم اپنی تمام درخواستوں کے ساتھ اپنے خُدا باپ سے رجوع کریں کیونکہ وہ ہماری پرواہ کرتا ہے۔ ہم فکر سے آزاد ہو سکتے ہیں۔ ہم جرم سے آزاد ہو سکتے ہیں۔ وہ ہمارے تمام گناہوں کو معاف کر دیتا ہے جب ہم ان کا اقرار کرتے ہیں۔ ہمارا پیارا باپ ہمیشہ اپنے بچوں کی دعائیں سنتا ہے اور اپنی خیر سگالی اور خوشنودی کے مطابق ان کا جواب دیتا ہے۔

3. گود لینا سے مستقبل کے لیے ہماری امید مضبوط ہوتی ہے۔

پولس ہمیں رومیوں باب 8، آیت 23ب میں بتاتا ہے کہ ''ہمیں اس کے بچے ہو نے کے لئے مکمل طور سے انتظار ہے جب کہ ہمارا بدن چھٹکارا حاصل کرنے کے لئے انتظار کر رہا ہے۔'' اُس نے آگے کہا، ''ہمیں نجات ملی ہے۔ اسی سے ہمارے دل میں امید ہے لیکن

جب ہم جس کی امید کر تے ہیں اسے دیکھ لیتے ہیں تو وہ حقیقی امید نہیں رہتی۔ لوگوں کے پاس جو چیز ہے اس کی امید کون کر سکتا ہے۔ لیکن اگر ہم جسے دیکھ نہیں رہے اس کی امید کرتے ہیں تو صبروتحمل کے ساتھ اس کی راہ کو دیکھتے ہیں'' (رومیوں باب8 ، آیات 24 تا 25)۔ جوہر میں، پولس کہہ رہا تھا کہ گود لینے کا مکمل تجربہ تب آئے گا جب ہم جلالی جسم حاصل کریں گے۔ اس سچائی کو ہمیں اس موجودہ زندگی کی آزمائشوں کو برداشت کرنے کی مستقل مجازی سے بھرنا چاہیے۔ 2 کرنتھیوں باب 1، آیت 22ب کے مطابق، خُدا نے "اپنی روح کو ہمارے دلوں میں بطورضمانت ڈال دی ہے کہ وہ سب کچھ ہمیں دیگا جو اس نے وعدہ کیا ہے۔" جملہ "ضمانت ڈال دی ہے کہ وہ سب کچھ ہمیں دیگا جو اس نے وعدہ کیا ہے" اس حقیقت کی طرف اشارہ کرتا ہے کہ مستقبل میں، ہم ہمیشگی کے لیے اپنی جلالی حالت میں خُداوند کے ساتھ رہیں گے۔ یہ سچائی ہماری اُمید کو بھی مضبوط کرتی ہے۔

4. گود لینا ہمیں خدا کی طرف سے تربیت یافتہ ہونے کے قابل بناتا ہے۔

عبرانیوں، باب 12، آیات 5 ب تا 6 کہتی ہے، "اے میرے بیٹے! خداوند کی تنبیہ کو ناچیز نہ جان اور جب وہ تجھے صحیح راستے پر لانے کیلئے ملامت کرے تو پست ہمت نہ ہو۔ خدا وند اس انسان کو ہی ڈانٹتا ہے جس سے وہ محبت کرتا ہے اور جسے اپنا بیٹا بنا لیتا ہے اسکو سزا بھی دیتا ہے۔" مصنف نے ذکر کیا، "تم سزاؤں کو برداشت کرو جس سے ثابت ہوگا کہ خدا تم سے بیٹے کا سلوک کررہا ہے'' (عبرانیوں باب 12، آیت 7)۔ خلاصہ یہ کہ عبرانیوں کا مصنف کہتا ہے کہ چونکہ ہم خُدا کے بچے ہیں، خُدا ہمیں تربیت دیتا ہے۔ اور یہ ایک اچھی بات ہے! یہ ظاہر کرتا ہے کہ ہم اُس کے بچے ہیں! اس تادیبی عمل کا آخری مقصد عبرانیوں باب 12، آیت 10 میں بیان کیا گیا ہے: "تاکہ ہم مقدس ہو جائیں۔''

گود لینے کے ان چار فوائد کی روشنی میں (اور مزید اضافہ کیا جا سکتا ہے)، ہمارا ردعمل کیا ہونا چاہیے؟ سادہ۔ ہمیں "اپنے باپ خدا کی نقل کرنا" چاہیے۔ اگر ہم اس کے بیٹے اور بیٹیاں ہیں تو ہمیں خاندانی مشابہت ظاہر کرنی چاہیے! اور اس کا مطلب ہے کہ ہمیں پاکیزگی کی پیروی کرنی ہے کیونکہ خدا پاک ہے (1 پطرس باب 1، آیات 15 تا 16)۔ ہمیں پیار کرنا ہے

جیسا کہ خدا کرتا ہے (افسیوں باب 5، آیات 1 تا 2)، ایسی محبت کے ساتھ جو ہمارے دشمنوں تک بھی پھیلی ہوئی ہے (متی باب 5، آیات 44 تا 45)۔ خدا کے بچوں کو کبھی نہیں بھولنا چاہئے کہ ہم ایک خاندان ہیں۔ اس لیے یہاں تلخی، حسد اور لڑائی جھگڑے کی کوئی گنجائش نہیں ہے۔ ہم ایک دوسرے کی خوشیاں اور غم بانٹتے ہیں۔ خدا میں ہمارا کتنا پیار کرنے والا باپ ہے۔ اور ہمارا کتنا شاندار مستقبل ہے! مجھے یقین ہے کہ یہ سچائیاں ہمارے باپ کی نقل کرنے کے ہمارے مقدس عزم کو مضبوط کریں گی!

اگر آپ خدا کے بچے نہیں ہیں اور پھر بھی اسے اپنا باپ نہیں کہہ سکتے، تو اس مسئلے کو حل کرنے کے لیے آج کا دن اچھا ہوگا۔ آپ اپنے گناہوں سے باز آ کر اور مسیح کو اپنے رب اور نجات دہندہ کے طور پر قبول کر کے اس کے خاندان میں اپنایا جا سکتے ہیں۔ ایک بار پھر، میں آپ کو یوحنا باب 1، آیت 12 کی یاد دلاتا ہوں، ”کچھ لو گوں نے اسے قبول کیا جنہوں نے قبول کیا وہ ایمان لا ئے اورجو ایمان لا ئے ان کو کچھ عطا کیا گیا اس نے ان کو خدا کی اولا د ہو نے کا حق دیا۔“ جب آپ یسوع مسیح پر ایمان رکھتے ہیں، تو آپ کو خُدا کے خاندان میں اُس کے بیٹے یا بیٹی کے طور پر خوش آمدید کہا جائے گا۔ اور پھر آپ بھی اپنانے کے ان تمام فوائد سے لطف اندوز ہوسکتے ہیں! ہچکچاہٹ نہ کریں۔ پلیز آئیں۔ خُدا ہمیشہ اپنے خاندان

میں مزید بچوں کے لیے جگہ رکھتا ہے! انسانی باپ میں کمزوریاں ہوتی ہیں، اور وہ اکثر ناکام رہتے ہیں۔ تاہم، ایک اور واحد آسمانی باپ - خُداوند یسوع مسیح کے باپ میں کوئی کمزوری نہیں ہے۔ وہ آپ کو کبھی بھول جایے یا ناکام نہیں کرے گا۔ وہ آپ کو ہمیشگی کے لیے کامل محبت سے پیار کرے گا!

بحث کے سوالات-----------------------------

1. اس باب نے ان تمام لوگوں کے لیے خدا کے باپ ہونے کے بارے میں آپ کے نظریہ کو کیسے متاثر کیا ہے جو یسوع پر ایمان رکھتے ہیں؟
2. خدا کی اس صفت کی روشنی میں آپ زندگی میں کیا تبدیلیاں لا سکتے ہیں؟
3. خدا کی یہ صفت آپ کی دعاؤں پر کیسے اثر انداز ہوتی ہے؟
4. خدا کی یہ صفت آپ کی انجیلی بشارت پر کیسے متاثر ہوتی ہے؟

صفت 5: خدا کی پدریت

مراقبہ / حفظ کے لئے صحیفہ کی آیت--------

رومیوں باب 8، آیت 15 – *کیوں کہ وہ روح جو تمہیں ملی ہے تمہیں غلام نہیں بناتی۔ جس سے ڈر پیدا نہیں ہوتی۔ جو روح تم نے پا ئی ہے تمہیں خدا کے چنے ہوئے اولاد بناتی ہے اس روح کے ذریعہ ہم پکار اٹھتے ہیں "ابّا، اے باپ!"*

دعا--

باپ، آپ نے ہمیں آپ کو ہمارا آسمانی باپ کہنے کا کتنا مرتبہ دیا ہے۔ اس قربت کے لیے آپ کا شکریہ۔ ہمارے خُداوند اور نجات دہندہ یسوع مسیح کی طرح اپنے بچوں کی طرح زندگی گزارنے میں ہماری مدد کریں۔ براہِ کرم ہمیں عاجزی کا جذبہ عطا کریں تاکہ ہم ان وقت کو قبول کر سکیں جب آپ ہمیں نظم وضبط کرتے ہیں۔ ہمیں یاد رکھنے میں مدد کریں کہ آپ ان سب کو نظم وضبط میں رکھیں جن سے آپ محبت کرتے ہیں اور یہ کہ آپ یہ ہماری بھلائی اور اپنی شان کے لیے کرتے ہیں۔ آمین!

صفت 6

خدا کی محبت

ایک مصنف نے کہا ہے کہ خُدا کی محبت سے مراد وہ ہے "خود کو اور اپنے تحفے بے ساختہ، رضاکارانہ طور پر، راستبازی سے، اور ہمیشہ کے لیے، ذاتی مخلوق کی بھلائی کے لیے ان کی اہلیت یا ردعمل سے قطع نظر۔"

خدا کی محبت خدا کی صفات کے درمیان سب سے زیادہ مشہور اور اکثر زیر بحث ہے۔ ہم 1 یوحنا باب 4، آیت 8 میں پڑھتے ہیں، "خدا ہی محبت ہے۔" اسی کو بعد میں 1 یوحنا باب 4، آیت 16 میں بھی دہرایا گیا ہے۔ احتیاط سے نوٹ کریں کہ یہ نہیں کہتا کہ خدا میں محبت ہے بلکہ یہ کہ خدا محبت ہے۔ محبت محض خدا کی صفات میں سے ایک صفت نہیں ہے۔ بلکہ، محبت خدا کی فطرت ہے۔ خدا کی دوسری صفات، جیسے رحم، نیکی، صبر اور فضل، محبت سے گہرا تعلق رکھتی ہیں کیونکہ وہ خدا کی محبت سے پیدا ہوتی ہیں۔ جتنا ہم اُس کی محبت کو سمجھیں گے، اتنا ہی ہمارے بے سکون دل سکون کا تجربہ کریں گے، اور اُس اور

دوسروں کے لیے ہماری محبت اتنی ہی زیادہ بڑھے گی۔ اس مقصد کو حاصل کرنے کے لیے، ہم اس باب میں خُدا کی محبت کی چار اہم خصوصیات کو دیکھیں گے اور پھر اپنی زندگیوں کے لیے عملی اطلاقات تیار کریں گے۔

خصوصیت #1: خدا کی محبت ایک رضاکارانہ محبت ہے

خدا ہم سے محبت کرنے کے لئے کسی مجبوری کے تحت تھا اور ہے۔ اس نے ہم پر اپنی محبت قائم نہیں کی کیونکہ ہم پیار کیے جانے کے لائق تھے۔ حقیقت میں، یہ بالکل برعکس ہے. ہم نااہل لوگ ہیں جنہوں نے اس کے خلاف بہت گناہ کیا ہے۔ پھر بھی خُدا نے، اپنے طور پر، کسی بیرونی اثرات سے بے اثر، ہم پر اپنی محبت قائم کی ہے۔ ہم 1 یوحنا باب 4، آیت 10 میں پڑھتے ہیں، "سچی محبت ہی ہمارے لئے خدا کی محبت ہے نہ کہ ہماری محبت خدا کے لئے۔" بعد میں، ہم 1 یوحنا باب 4، آیت 19 میں پڑھتے ہیں، "ہم اسلئے محبت کرتے ہیں کیوں کہ خدا نے پہلے ہم سے محبت کی۔"

صفت 6: خدا کی محبت

خدا کی رضاکارانہ محبت صرف نئے عہد نامے کا تصور نہیں ہے۔ ہم دیکھتے ہیں کہ یہ سچائی عہد نامہ قدیم میں بھی بیان کی گئی ہے۔ استثنا باب 7، آیات 7 تا 8 میں، خدا اسرائیل کے لیے اپنے عہد کی محبت کو اسرائیل کی اہلیت پر مبنی نہیں بلکہ اس کے رضاکارانہ انتخاب کے طور پر بیان کرتا ہے: "خداوند تم سے کیوں محبت کر تا ہے اور اس نے تمہیں کیوں چُنا ؟ اس لئے نہیں کہ دوسرے لوگوں کے مقابلے میں تمہا ری تعداد بہت زیادہ ہو۔ تم سب لوگوں میں سے کم تھے۔ لیکن خداوند تم کو اپنی بڑی قدرت کے ذریعہ مصر کے باہر لا یا اس نے تمہیں غلامی سے نجات دلا ئی اس نے مصر کے پادشاہ فرعون کے چنُگل سے آزاد کیا کیوں؟ کیوں کہ خداوند تم سے محبت کرتا ہے اور تمہا رے آ با ء و اجداد کو دیئے گئے وعدے کو پورا کر نا چاہتا تھا۔" سیدھے الفاظ میں، خدا نے اسرائیل سے محبت کی کیونکہ اس نے ان سے محبت کرنے کا انتخاب کیا۔

خصوصیت # 2: خدا کی محبت ایک مقدس محبت ہے

خدا کی محبت اس کی پاکیزگی کو رد نہیں کرتی۔ یہ کہ "خدا ہی محبت ہے" (1 یوحنا باب 4، آیت 8) خدا

کی دیگر صفات کو کم یا انکار نہیں کرتا، جیسے کہ "خدا روشنی ہے" (1 یوحنا باب 1، آیت 5) یا یہ کہ "خدا راستباز مُنصف ہے" (زبور باب 7، آیت 11)۔ یہاں تک کہ مشہور یوحنا باب 3، آیت 16 حوالہ میں، خدا نے دنیا سے اس انداز میں محبت کی جس میں گناہ کے کفارے کا بندوبست شامل تھا، جیسا کہ اس جملے سے ظاہر ہوتا ہے، ''اسی لئے اس نے اسکو اپنا بیٹا دیاہے۔'' خدا کی محبت مقدس ہے، جس کا مطلب ہے کہ وہ گناہ کو ہلکا نہیں لے سکتا — یہاں تک کہ اپنے بچوں کی زندگی میں بھی۔ یہی وجہ ہے کہ عبرانیوں باب 12، آیت 6 میں کہا گیا ہے، '' خدا وند اس انسان کو ہی ڈانٹتا ہے جس سے وہ محبت کر تا ہے اور جسے اپنا بیٹا بنا لیتا ہے اسکو سزا بھی دیتا ہے۔'' اس قسم کے نظم و ضبط میں بعض اوقات بیماری اور موت بھی شامل ہو سکتی ہے (1 کرنتھیوں باب 11، آیت 30)! ایک مقدس محبت گناہ پر آنکھ نہیں جھپک سکتی اور نہ ہی کرے گی۔

اخبارات میں ایک بار ایک باپ اور ماں کی کہانی چھپی تھی جنہیں جب یہ معلوم ہوا کہ ان کی چھوٹی بچی الماری سے کچھ لے کر کھا گئی ہے، تو بچے کو ہلانے اور تھپڑ مارنے لگے۔ جب بچہ اونگھنے لگا تو انہوں نے کوشش میں کمی نہیں کی بلکہ چار گھنٹے

تک اسے ہلاتے اور تھپڑ مارتے رہے۔ ایسے معمولی جرم کی ظالمانہ سزا جو لگتی تھی وہ حقیقت میں محبت کے ہاتھوں مجبور تھی۔ بچے نے نیند کی دس گولیاں نگل لی تھیں اور ڈاکٹر کا کہنا تھا کہ بچے کی جان بچانے کی واحد امید اسے جاگنا رکھنا تھا۔

اسی طرح، ہم ہمیشہ اس راستے کو نہیں سمجھتے جس پر خدا ہمیں لے جاتا ہے، لیکن ہمیں یقین ہے کہ اس کی اصلاح ہمیشہ محبت سے پیدا ہوتی ہے۔ خدا ہواؤں کی سختی کو روکنے کا انتخاب نہیں کرتا بلکہ اس کے بجائے ہمیں ان میں ہدایت کرتا ہے اور ہمیں ان کے ذریعے لے جاتا ہے۔

خصوصیت #3: خدا کی محبت قربانی کی محبت ہے

خُدا کی محبت دیتا ہے یہاں تک کہ جب قیمت بہت زیادہ ہو۔ انسانی محبت کی خصوصیت اکثر اونچے الفاظ لیکن خالی اعمال سے ہوتی ہے، جیسا کہ شادی کے دن کیے گئے عظیم وعدوں سے دیکھا جاتا ہے جس کے بعد مہینوں یا سالوں بعد سخت طلاق ہوتی ہے۔ جب قربانی دینی پڑتی ہے، تو انسانی محبت، زیادہ تر حصے کے لیے، ناکام ہو جاتی ہے۔

خدا کی صفات

خدا کی محبت، تاہم، ایسا نہیں ہے. یہ قربانی دینے والا ہے۔ خدا کی قربانی کی محبت کی اعلیٰ مثال سولی سے زیادہ واضح طور پر کہیں نظر نہیں آتی۔ یہ وہ جگہ ہے جہاں خدا نے آپ اور مجھ جیسے گنہگاروں کو اپنا سب سے بہترین - اپنا ایک اور اکلوتا بیٹا - خداوند یسوع مسیح دیا جیسا کہ رومیوں باب 5، آیات 6 تا 8 میں پڑھا گیا ہے، "کیوں کہ جب ابھی ہم کمزور ہی تھے صحیح وقت پر مسیح نے ہمارے لئے جبکہ ہم خدا کے خلاف تھے اپنی جان تک دیدی۔ اب دیکھو کسی راستباز انسان کے لئے بھی مشکل ہی سے کوئی اپنی جان دیگا۔کسی اچھے آدمی کے لئے شاید کوئی اپنی جان تک دے دینے کی جرات کرے۔ لیکن خدا اپنی محبت ہم پر یوں ظاہر کرتا ہے جب کہ ہم بھی گنہگار ہی تھے۔ مسیح نے ہمارے لئے اپنی جا ن دی۔" اور ہم یوحنا باب 3، آیت 16 کے بہت ہی مانوس الفاظ کو کیسے بھول سکتے ہیں، ’’ہاں! خدا نے دنیا سے محبت رکھی ہے اسی لئے اس نے اسکو اپنا بیٹا دیاہے۔ خدا نے اپنا بیٹا دیا تا کہ ہر آدمی جو اس پر ایمان لا ئے جو کھوتا نہیں مگر ہمیشہ کی زندگی پاتا ہے۔‘‘

فرانس کے ایک نوجوان کی ایک کہانی سنائی جاتی ہے جسے اپنی ماں سے بہت پیار تھا۔ تاہم، اس نے زندگی کا ایک بہت ہی گناہ والا طریقہ اختیار کیا۔ وہ

صفت 6: خدا کی محبت

ایک بری عورت کی طرف بہت متوجہ ہو گیا جو اسے مزید گناہ کی طرف گگھسٹتی رہی۔ محبت کرنے والی ماں نے اسے گناہ سے باز رکھنے کی کوشش کی جس کی وجہ سے عورت ماں سے نفرت کرنے لگی۔ ایک رات، عورت نے نوجوان کو نشے میں دھت کر دیا اور اس پر اِلزام لگایا کہ وہ اس سے سچی محبت نہیں کرتا۔ اس نے وعدہ کیا کہ اس نے سچی محبت کیا۔ اس نے کہا کہ اگر وہ واقعی اس سے محبت کرتا ہے، تو وہ اپنی ماں سے چھٹکارا پا لے گا، جو اسے اس سے الگ کرنے کی کوشش کر رہی تھی۔

کہانی آگے بڑھی کہ نوجوان عورت کے گھر سے بھاگا اور اس کے گھر گیا جہاں اس کی ماں سوئی ہوئی تھی۔ بڑے ظلم کے ساتھ، اس نے اپنی ماں کو مار کر موت کے گھاٹ اتار دیا اور پھر اس کا دل پھاڑ کر اپنے عاشق تک پہنچا دیا۔ جب وہ اپنی ماں کے خون سے بہہ رہے دل کے ساتھ اپنے عاشق کے گھر بھاگا تو وہ ایک پتھر سے ٹکرا گیا، ٹھوکر کھا کر گر گیا۔ فوراً، خون آلود دل نے پکارا، ”بیٹا، کیا تمہیں چوٹ لگی ہے؟“

یہ وہ قسم کی قربانی کی محبت ہے جو خدا آپ اور میرے جیسے خوفناک گنہگاروں کے لیے ظاہر کرتا

ہے۔ جب بھی ہم خُدا کی محبت پر شک کرنے کے لیے
آمادہ ہوتے ہیں، ہمیں صلیب کو دیکھنا چاہیے اور بار
بار یاد دلانا چاہیے کہ خُدا ہم سے کتنا پیار کرتا ہے۔
کیا وہ جس نے اپنے بیٹے کو ہماری خاطر نہیں روکا
وہ ہمیں بھول جائے گا (رومیوں باب 8، آیت 32)؟ کیا
وہ ہمیں چھوڑ دے گا؟ کبھی نہیں!

خصوصیت #4: خدا کی محبت ایک لازوال محبت ہے

انسانی محبت اکثر جذباتی احساسات پر بنیاد رکھنے
کی جگہ ہوتی ہے جو اوپر اور نیچے جاتے ہیں۔ جب
میرے جذبات ختم ہوں گے، میں تم سے محبت کروں
گا۔ جب میں اداس محسوس کروں گا تو میں خود کو تم
سے دور کر لوں گا۔ اگر تم مجھ سے محبت کرتے ہو
اور مجھے کبھی مایوس نہ کرو تو میں تم سے محبت
کروں گا۔ اگر نہیں تو میں تم سے محبت نہیں کر سکتا
ہوں۔

خدا کی محبت، تاہم، ایسا نہیں ہے. وہ اپنا خیال نہیں
بدلتا۔ اس کی محبت ہمیشہ قائم رہتی ہے۔ آسمانوں کے
پیدا ہونے سے پہلے ہی وہ ہم سے محبت کرتا تھا
(افسیوں باب 1، آیات 4 تا 5)۔ اور اس کی محبت نئے

صفت 6: خدا کی محبت

آسمانوں اور نئی زمین کی تخلیق کے بعد بھی ہمیشگی رہے گی۔ یہ ایک لازوال محبت ہے، جیسا کہ خُدا خود یرمیاہ کے ذریعے اعلان کرتا ہے، "اے لوگو! میں تم سے محبت کرتا ہوں اور میری محبت ہمیشہ رہے گی۔ میں ہمیشہ تمہا رے لئے سچا رہوں گا" (یرمیاہ باب 31، آیت 3)۔ اگرچہ یہ آیت بنیادی طور پر اسرائیل کے لیے خُدا کی لازوال، منتخب، عہد محبت کی طرف اشارہ کرتی ہے، ہم اسے قانونی طور پر تمام عمر کے تمام مومنین پر لاگو کر سکتے ہیں۔ رومیوں باب 8، آیات 38 تا 39 میں، پولس نے کہا، "کیوں کہ مجھ کو پکاّ یقین ہے کہ خدا کی جو محبت ہمارے خداوند یسوع مسیح میں ہے اس سے ہم کو کو ئی بھی چیز جدا نہ کر سکے گی، نہ موت، نہ زندگی، نہ فرشتے، نہ بدروحیں، نہ حال کی، نہ مستقبل کی چیزیں، نہ قدرت، نہ بلندی، نہ پشتی، اور نہ ہی پو ری کائنات کی کوئی بھی چیز۔" پولس نے یہ سوال پوچھا کہ کیا زمین پر کوئی بھی چیز ہمیں خدا کی محبت سے الگ کر سکتی ہے (رومیوں باب 8، آیت 35الف)، اور اس نے اس سوال کا جواب زور دار نہیں کے ساتھ ان تمام ممکنہ قوتوں کی فہرست دے کر دیا جو ایسی علیحدگی پیدا نہیں کر سکتیں – جو کہ سب کچھ ہے (رومیوں باب 8، آیات 35 ب تا 39)۔

بے شک، اس کی محبت لازوال ہے۔ کتنی تسلی بخش
سوچ ہے! یہاں تک کہ اگر ساری دنیا - بشمول ہمارے
قریبی اور عزیز ترین لوگ ہم سے نفرت کرتے ہیں
اور ہمیں رد کرتے ہیں، ہمیں تسلی دی جا سکتی ہے۔
کائنات کا بادشاہ جس نے ہمیں بنایا اور اپنے بیٹے کو
ہمارے لیے مرنے کے لیے بھیجا وہ ہم سے محبت
کرنا کبھی نہیں چھوڑے گا۔ وہ ہم سے کبھی نفرت یا
انکار نہیں کرے گا - یہاں تک کہ جب ہم بری طرح
ناکام ہو جائیں۔ پطرس یسوع مسیح کا تین بار انکار کر
کے بری طرح ناکام ہوا۔ پھر بھی یسوع مسیح ذاتی
طور پر اس کے پاس آیا اور اسے اپنی محبت کا یقین
دلایا (یوحنا باب 21، آیات 15 تا 17)۔ یہاں تک کہ
جب ہم شدید آزمائشوں سے گزرتے ہیں، اور ایسا
محسوس ہوتا ہے کہ خدا بہت دور ہے یا ہمیں بھول گیا
ہے، ہمیں ہمت ہارنے کی ضرورت نہیں ہے۔ خدا نے
ہم سے لازوال محبت رکھی ہے۔

لہذا، ہم نے خدا کی محبت کی چار خوبصورت
خصوصیات دیکھی ہیں: یہ رضاکارانہ، مقدس، قربانی
اور لازوال ہے۔ اس علم کو حاصل کرنے کے کیا
اثرات ہیں؟ خاص طور پر دو ہیں: *خدا کے لیے ہماری*
محبت اور پڑوسیوں کے لیے ہماری محبت بڑھنی
چاہیے۔

صفت 6: خدا کی محبت

متی باب 22، آیات 37 تا 39 میں، یسوع مسیح نے ہمیں دو اہم ترین حکموں کی تعلیم دی: "تجھ کو اپنے خداوند خدا سے محبت کر نا چاہئے۔ تو اپنے دل کی گہرائی سے اور تو اپنے دل و جان سے اور تو اپنے دماغ سے اسکو چاہنا۔ یہی پہلا اور اہم ترین حکم ہے۔ دوسرا حکم بھی پہلے کے حکم کی طرح ہی اہم ہے۔ تو دوسروں سے اسی طرح محبت کر جیسا خود سے محبت کر تےہو۔" آئیے مختصراً دیکھتے ہیں کہ یہ عملی طریقوں سے کیسے ہو سکتا ہے۔

1. خدا کے لیے ہماری محبت میں اضافہ ہونا چاہیے

خدا کے لیے ہماری محبت کو عملی شعبوں میں بڑھنا چاہیے جیسے کہ درج ذیل:

تعریف۔ غور کریں کہ یوحنا خدا کی محبت پر غور کرتے ہوئے کیسے تعریف میں پھوٹ پڑا: "باپ نے ہم سے بے حد محبت کی ہے اس نے ہم سے اتنی محبت کی ہے کہ ہم خدا کے بچے کہلا تے ہیں حقیقت میں ہم اس کے بچے ہیں وہ لوگ نہیں سمجھ سکتے کہ ہم خدا کے بچے ہیں" (1 یوحنا باب 3، آیت 1)۔ ہمیں اس کی مقدس فطرت سے سمجھوتہ کیے بغیر ہم سے

محبت کرنے کے لیے مسلسل اس کی تعریف کرنی چاہیے۔ جب وہ ہمیں اصلاح کرتا ہے تو ہمیں اس پر بڑبڑانا یا ناراض نہیں ہونا چاہئے۔ یہ ہماری بھلائی کے لیے ہے۔ اس کی مقدس محبت ہمیں سکھاتی ہے کہ ہم جو کچھ سوچتے اور کرتے ہیں ان میں تقدس کی پیروی کریں۔

پاکیزگی۔ غور کریں کہ یوحنا ہمیں پاکیزگی کی پیروی کرنے کے لیے کس طرح بلاتا ہے: ”مسیح پاک ہے اور ہر آدمی جو اس سے اُمید رکھتا ہے مسیح اس کو اسی طرح پاک کرے گا جیسا کہ خود مسیح ہے“ (1 یوحنا باب 3، آیت 3)۔ جس نے ہماری بدحالی کے باوجود ہم سے محبت کی ہے ہم اسے کیسے دکھ دے سکتے ہیں؟

صحیفے اور دعا۔ ہم بائبل کو پڑھنے (اس سے سننے) اور دعا (اس سے بات کرنے) میں وقت گزار کر بھی خُدا کے لیے اپنی محبت کا اظہار کرتے ہیں۔

قربانی سے دینا۔ خُدا کی قربانی کی محبت، جس کے ذریعے اُس نے ہمیں اپنا سب سے بہترین دیا، مطالبہ کرتا ہے کہ ہم کبھی بھی کسی چیز کو خُدا کے مقاصد کے لیے استعمال کرنے سے باز نہ رکھیں۔ ہمارا پیسہ، ہمارا وقت اور ہمارا مال سب خدا کا ہے۔ ہمیں خود

سے پوچھنا چاہیے: کیا خدا کے مقاصد کے لیے اپنا
وقت اور پیسہ دینے میں قربانی کا عنصر شامل ہے؟
اگر نہیں تو ہمیں توبہ کرنی چاہیے اور صحیح جواب
دینا چاہیے۔ داؤد نے 2 سموئیل باب 24، آیت 24 میں
کہا، "میں خداوند اپنے خدا کو کوئی ایسی قربانی نہیں
چڑھاؤنگا جس کی کوئی قیمت میں نے ادا نہیں کی۔"
جب ہم کسی سے محبت کرتے ہیں تو ہم قیمت نہیں
گنیں گے۔ مریم نے قیمت کا حساب نہیں لگایا جب اس
نے یسوع پر مہنگا عطر انڈیلا تھا (یوحنا باب 12،
آیت 3)۔ کیوں؟ وہ اپنے لیے یسوع کی محبت سے
متاثر ہوئی اور، ردعمل میں، قربانی کے ساتھ اس کے
لیے اپنی محبت کا اظہار کیا۔

جاری بھروسہ۔ ہمیں اُس پر بھروسہ کرنا جاری رکھنا
چاہیے – یہاں تک کہ جب چیزیں تاریک نظر آتی ہیں۔
خدا جو ہمارے لئے اپنی محبت میں ثابت قدم رہتا ہے
وہ ہم سے اسی کا مستحق ہے۔

2. اپنے پڑوسیوں کے لیے ہماری محبت میں اضافہ ہونا چاہیے

افسیوں باب 5، آیات 1 تا 2 کہتا ہے، "تم خدا کے بچے
ہو وہ تم سے محبت کرتا ہے اس لئے تم کو بھی خدا

کی طرح رہنا ہو گا۔ محبت سے زندگی گذارو۔ دوسروں سے اسی طرح محبت کرو جس طرح مسیح نے ہم سے محبت کی۔ مسیح نے ہمارے لئے اپنے آپ کو دے دیا۔ مسیح نے اپنے آپ کو خدا کے سامنے خوشبو کی طرح پیش کر کے قربان کر دیا۔" اور پھر 1 یوحنا باب 4، آیات 11 تا 12 میں، ہم پڑھتے ہیں، "تو پھر خدا ہمیں بے انتہا چاہتا ہے عزیز دوستو! اسی طرح ہمیں بھی ایک دوسرے سے محبت کر نی چاہئے۔ کسی نے بھی خدا کو نہیں دیکھا لیکن جب ہم ایک دوسرے سے محبت کر تے ہیں تو خدا ہم میں رہتا ہے اور اسکا مقصد پو را ہو تاہے اور ہم سے اسکی محبت پوری ہو گئی۔"

یہ کچھ طریقے ہیں جن سے ہم اپنے پڑوسیوں کے لیے اپنی محبت کے ذریعے خدا کی محبت کی نقل کر سکتے ہیں۔

رضاکارانہ محبت۔ جس طرح ہمارے لیے خدا کی محبت ہماری اہلیت پر مبنی نہیں تھی، اسی طرح دوسروں کے لیے ہماری محبت بھی ایسی ہی ہونی چاہیے۔ ہمیں دوسروں سے محبت کرنے کے لیے تیار رہنا چاہیے چاہے وہ کسی بھی رنگ کے ہوں، وہ کس زبان میں

بولتے ہوں، وہ کتنے پڑھے لکھے ہوں، ان کے پاس کتنی دولت ہو، یا وہ کتنے ہی برے کیوں نہ ہوں۔

مقدس محبت۔ ہم 1 کرنتھیوں باب 13، آیت 6 میں پڑھتے ہیں، "محبت بد کا ری سے خوش نہیں ہو تی۔ اور وہ سچا ئی پر خوش ہو تی ہے۔" اگر ہم اس خاص طریقے سے خدا کی محبت کی نقل کرنا چاہتے ہیں، تو دوسروں کے لیے ہماری محبت ہمیں ان کے گناہوں سے لاتعلق یا خاموش رہنے کا باعث نہیں بننی چاہیے۔ ہمیں محبت میں انہیں خبردار کرنا چاہیے۔ اور بھی، ہمیں کوئی ایسا کام نہیں کرنا چاہیے جس سے انہیں نقصان پہنچے۔ دوسروں کے لیے ہمارے الفاظ پیار اور مہربان ہونے چاہئیں۔ ہمیں ہمیشہ ایسے الفاظ بولنا چاہیے جو دوسروں کی تعمیر کریں – انہیں تباہ نہ کریں۔ اس کا مطلب کوئی جھوٹ، گپ شپ، بہتان، یا گناہ بھری بات نہیں کریں (افسیوں باب 4، آیت 29)۔ اس کا مطلب یہ بھی ہے کہ ہمارے اعمال سے ان کے لیے رکاوٹ نہ بنیں (1 کرنتھیوں باب 10، آیات 31 تا 33)۔

قربانی کی محبت۔ یوحنا واضح کرتا ہے کہ ہمیں 1 یوحنا باب 3، آیت 16 میں اس طرح کی قربانی کی محبت کی روشنی میں کیسے جواب دینا چاہئے:

"چونکہ یسوع نے ہمارے لئے اپنی زندگی دی تب ہم نے جانا کہ حقیقی محبت کیا ہے ہمیں بھی اپنی زندگیاں اپنے مسیح بھائی بہنوں کے لئے دینی چاہئے۔" یوحنا پھر ایک مثال دیتا ہے کہ آیات 17 اور 18 میں اس قربانی کی محبت کو عملی معنی میں کیسے ظاہر کیا جا سکتا ہے: "اگر ایک ایمان والے کے پاس دنیا کی دولت ہو اور وہ یہ دیکھ رہا ہے کہ اسکا بھائی غریب اور ضرورت مند ہے اور یہ دیکھنے کے باوجود بھی اگر اس کے دل میں اسکے لئے ہمدردی نہیں جاگتی ہے اسکی مدد نہیں کرتا تو ایسا ایمان والا یہ کہنے کے قابل نہیں کہ اسکے دل میں خدا کی محبت ہے۔ میرے بچّو! ہم باتوں سے دکھاوے کے لئے محبت نہ کریں بلکہ ہماری محبت حقیقی ہونی چاہئے ہمیں اپنے سچے عمل سے محبت کا اظہار کرنا چاہئے۔"

لازوال محبت۔ چونکہ خُدا ہم سے محبت کرنا بند نہیں کرتا جب ہم اُسے ناکام کر دیتے ہیں، اِس لیے ہم بھی لوگوں سے محبت کرنا نہیں روک سکتے جب وہ ہمیں ناکام کر دیتے ہیں۔ ہمیں 1 کرنتھیوں باب 13، آیت 4 اور 7 میں یاد دلایا گیا ہے، "محبت صابر اور مہربان ہے ...محبت ہمیشہ امید سے بھر پور رہتی ہے۔ ہر چیزکو بر داشت کرتی ہے۔" کیا ہماری محبت ایسی ہے؟ کوئی ہے جس کے ساتھ ہم اپنی محبت میں سرد

ہوں؟ پھر، ہمیں اسے درست کرنے کی ضرورت ہے. یہ سمجھنا کہ ہم سے لازوال محبت کی جاتی ہے ہمیں دوسروں سے بھی اسی طرح محبت کرنے کی ترغیب دینی چاہیے۔

خُدا کی محبت کی زیادہ سمجھ ہمیں ہمیشہ اپنے پڑوسیوں کے لیے زیادہ پیار کی طرف لے جاتی ہے، بشمول اپنے آس پاس کے کھوئے ہوئے لوگوں کو خُدا کی محبت کے بارے میں بتانا جس کا اظہار مسیح کے ذریعے ہوتا ہے۔ خدا سے محبت کرنا اور دوسروں سے محبت کرنا واقعی بدلے ہوئے دل کا لازم و ملزوم ثبوت ہیں۔ جہاں دونوں میں سے محبت غائب ہے، وہاں روح القدس کا کام غائب ہے، اس طرح یہ ظاہر کرتا ہے کہ وہ بچایا نہیں گیا ہے۔ یہ وہی ہے جو خدا کا کلام 1 یوحنا باب 4، آیت 20 میں اعلان کرتا ہے، "اگر کوئی شخص یہ کہتا ہے "میں خدا سے محبت کرتا ہوں" لیکن اپنے عیسائی بھائیوں اور بہنوں سے نفرت کرتا ہے تو ایسا شخص جھوٹا ہے وہ شخص اپنے بھائی جس کو وہ دیکھ سکتا ہے پھر بھی نفرت کرتا ہے تو ایسا شخص خدا سے محبت نہیں کر سکتا جس کو وہ دیکھ نہیں سکتا۔"

خدا کی صفات

دوسروں سے محبت کرنے کی یہ مافوق الفطرت طاقت – ہمارے دشمنوں سمیت اس بات کا مستند ثبوت ہے کہ روح القدس ہم میں بستا ہے، اس طرح یہ ظاہر کرتا ہے کہ ہم خدا کے بچے ہیں (یوحنا باب 13، آیات 34 تا 35)۔ ہمیں خدا کی مشابہت کے لیے بلایا گیا ہے جو محبت ہے۔ لہٰذا، ہمیں اُس سے مانگنے کی ضرورت ہے کہ وہ ہمیں روح القدس کے ذریعے سکھائے اور حوصلہ بخشے کہ وہ اُس سے اور دوسروں سے بھی اُس محبت کے ساتھ محبت کرے جیسی اُس کی محبت ہمارے لیے ہے۔

اگر آپ ابھی تک مسیحی نہیں ہیں، تو میں آپ سے گزارش کرتا ہوں کہ آپ اس محبت بھری پیشکش کو قبول کریں جو خُدا آپ کو اپنے بیٹے، یسوع مسیح کو گلے لگانے کے لیے دیتا ہے، جسے آپ کے گناہوں کے لیے مصلوب کیا گیا تھا اور آپ کے گناہوں کی معافی کے لیے دوبارہ زندہ کیا گیا تھا۔ آپ نہیں جانتے کہ حقیقی محبت کیا ہے جب تک کہ آپ یسوع مسیح کے ذریعے پیش کردہ خُدا کی محبت کا مزہ نہ چکھ لیں۔ یسوع مسیح خود آپ کو ان الفاظ کے ذریعے پیار سے دعوت دیتا ہے:

متی باب 11، آیات 28 تا 30 – *اے محنت مشقت کر نے والو! اور وزنی بوجھ اٹھا نے والو تم سب میر ے پاس آ جا ؤ۔ میں تمہیں آرام پہنچا ؤں گا۔ میر ے جوئے کے کندھے دیتے ہو ئے مجھ سے باتیں سیکھو۔ میں شریف اور خاکسار ہوں۔ اور تم اپنی جانوں کے لئے تشفی پا ؤگے۔ ہاں! جو کام میں تم سے قبول کر نے کے لئے کہتا ہوں آسان ہے۔ تمہیں اٹھا نے کے لئے جو بوجھ د ے رہا ہوں وہ وزنی نہیں ہے۔*

اگر آپ اس کے پاس آنے کی دعوت قبول کرنے میں ہچکچاتے ہیں کیونکہ آپ محسوس کرتے ہیں کہ آپ نے بہت گناہ کیا ہے اور شک ہے کہ آیا یسوع مسیح آپ کو کبھی قبول کر ے گا، تو مجھے آپ کو یسوع مسیح کے محبت بھر ے یقین دہانی کے الفاظ یاد دلانے کی اجازت دیں: "جو بھی میر ے پاس آتا ہے میں اسے قبول کرتا ہوں" (یوحنا باب 6، آیت 37ب)۔ لہذا، بلا تاخیر، براہ کرم اس کے پاس آئیں اور اس کی لازوال محبت کا مزہ چکھیں۔ داؤد نے زبور باب 34، آیت 8 میں کہا، "آزما کر دیکھو کہ خداوند کیسا مہربان ہے۔ وہ شخص جو خداوندکے بھروسے پر ہے سچ مچ

خوش رہے گا۔" اگر آپ خدا کی طرف سے اس محبت بھری دعوت کو مسترد کرتے ہیں، تو وہ وقت آئے گا جب آپ کبھی بھی یہ نہیں جان پائیں گے کہ ہمیشہ کے لیے محبت کیا ہے! آپ کو خدا کا خوفناک غضب ابدیت کے لیے شعوری طور پر تجربہ کرنے کے لیے چھوڑ دیا جائے گا۔

بحث کے سوالات------------------------------

1. اس باب نے خدا کی محبت کے بارے میں آپ کے نظریہ کو کیسے متاثر کیا ہے؟

2. خدا کی اس صفت کی روشنی میں آپ زندگی میں کیا تبدیلیاں لا سکتے ہیں؟

3. خدا کی یہ صفت آپ کی دعاؤں پر کیسے اثر انداز ہوتی ہے؟

4. خدا کی یہ صفت آپ کی انجیلی بشارت پر کیسے اثر انداز ہوتی ہے؟

صفت 6: خدا کی محبت

مراقبہ / حفظ کے لئے صحیفہ کی آیت ---------

یرمیاہ باب 31، آیت 3 – اے لوگو! میں تم سے محبت کرتا ہوں اور میری محبت ہمیشہ رہے گی۔ میں ہمیشہ تمہارے لئے سچا رہوں گا۔

دعا --------------------------------------

ایک مصنف نے کہا ہے کہ

مہربان رب، تیرا نام ہے محبت، محبت میں میری دعا قبول کرو، میرے گناہ سمندر کی ریت سے زیادہ ہیں۔ لیکن جہاں گناہ زیادہ ہو، فضل زیادہ کثرت سے ہے۔ اپنے پیارے بیٹے کی صلیب کو دیکھو، اور اُس کے کفارے کے خون کی قیمت دیکھیں۔ اس کی کبھی ناکام نہ ہونے والی شفاعت سنو، اور میرے دل میں سرگوشی کریں، "تیرے گناہ معاف ہو گئے ہیں، خوش رہو، سکون سے لیٹ جاؤ"... بے تلاش، تو نے مجھے دیا ہے سب سے بڑا تحفہ، ان کا بیٹا، اور تُو اُس میں مجھے وہ سب دے گا جس کی مجھے ضرورت ہے۔ آمین!

صفت 7

خدا کی حکمت

خدا کی حکمت سے مراد اس کی ہر چیز کو جاننے کی صلاحیت ہے اور وہ بہترین اور اعلیٰ اہداف کا انتخاب کرتا ہے اور ان مقاصد کو حاصل کرنے کے لیے بہترین ذرائع کا انتخاب کرتا ہے تاکہ اس کی سب سے زیادہ تمجید ہو۔

خدا کی حکمت کو خدا کیا *اومنیساپیینس* (*omnisapience*) کے نام سے بھی جانا جاتا ہے (لاطینی میں، اومنی کا مطلب ہے "سب" اور ساپیینٹ کا مطلب ہے "عقلمند")۔ رومیوں کو لکھے اپنے خط کے اختتام میں، پولوس رسول لکھتا ہے، "یسوع مسیح کے وسیلے سے اسی واحد دانشمند خدا کا ابد تک جلال ہوتا رہے۔آمین!" (رومیوں باب 16، آیت 27)۔ کیا آپ نے دیکھا کہ اس نے خدا کو "واحد دانشمند خدا" کے طور پر کیسے بیان کیا؟ اس سے پہلے رومیوں باب 11، آیت 33 میں، پولس نے اس کی حکمت اور علم کے لیے خُدا کی تعریف اس انداز میں کی تھی: ''واہ! خدا کی حکمت [اومنیساپیینس] اورعلم [ہمہ دانی] کیا

ہی عمیق ہے اس کے فیصلے ہماری سمجھ کے باہر ہیں اور اس کی راہوں کو ہم سمجھ نہیں سکتے۔‘‘

لہذا ہم خدا کی اس صفت کو کبھی بھی پوری طرح سمجھ نہیں سکتے، نا صرف اس کی کسی اور صفت کو سمجھ نہیں سکتے، ہم چار سوالات پوچھ کر اور ان کے جوابات دے کر اسے بہتر طور پر سمجھنے کی کوشش کریں گے۔

1. خدا کی حکمت کیا ہے؟
2. خدا اپنی حکمت کو کیسے ظاہر کرتا ہے؟
3. خُدا اپنی حکمت ہم تک کیسے پہنچاتا ہے؟
4. ہم کیسے جان سکتے ہیں کہ آیا ہم خدا کی حکمت میں بڑھ رہے ہیں؟

1.خدا کی حکمت کیا ہے؟

علم سے مراد وہ ہے جو کوئی جانتا ہے۔ حکمت سے مراد اس علم کا جاری کرن ہے۔ بائبل میں، حکمت کی ایک ذہنی اور اخلاقی خوبی ہے۔ لہٰذا، جب بائبل خدا کو حکیم کے طور پر بیان کرتی ہے، تو یہ وہی ہے جو یہ کہہ رہی ہے: ایک سب جاننے والا (ذہنی پہلو) خدا بہترین اور اعلیٰ مقاصد (اخلاقی پہلو) اور بہترین

صفت 7: خدا کی حکمت

ذرائع (اخلاقی پہلو) کا انتخاب کرنے کی صلاحیت رکھتا ہے کہ وہ اپنے آپ کو سب سے زیادہ جلال دینے کے لیے ان مقاصد کو حاصل کرے۔

دوسرے لفظوں میں، خدا کی حکمت خدا کے علم کا عملی پہلو ہے، جسے استعمال کرنے پر، اس کی خواہشات کو ان طریقوں سے حاصل کیا جاتا ہے جو اس کی سب سے زیادہ تسبیح کرتی ہیں۔ اور جو کچھ بھی خدا نے اپنی حکمت میں پورا کرنے کے لیے چنا ہے، وہ کرے گا کیونکہ وہ ایسا کرنے کی طاقت رکھتا ہے۔ یاد رکھیں، خدا قادر مطلق ہے۔ اس کے پاس تمام طاقت ہے، جیسا کہ ہم نے باب "خدا کی طاقت" میں دیکھا۔ یہی وجہ ہے کہ کلام اکثر خدا کی حکمت کو خدا کی طاقت سے جوڑتا ہے۔ یہاں مخصوص مثالیں ہیں:

ایوب باب 9، آیت 4 – *خدا بہت عقلمند بہت زور آور ہے۔ ایسا کوئی شخص نہیں جو خدا سے لڑ سکے اور نقصان بھی نہ اٹھائے۔*

دانیال باب 2، آیت 20 – *خدا کے نام کی ہمیشہ ہمیشہ کے لئے ستائش کرو۔ قوّت اور دانشمندی اسی کی ہے۔*

رومیوں باب 16، آیت 25 اور 27 – اب خدا کا جلال ہوتا رہے جو تم کو میری خوش خبری کی تعلیم کے موافق مضبوط کر سکتا ہے یہ خوش خبری یسوع مسیح کا پیغام ہے جو اس بھید کے مکاشفہ کے مطابق ازل سے پوشیدہ رہا۔ اور خدا سے ظاہر ہوتا رہا... یسوع مسیح کے وسیلے سے اسی واحد دانشمند خدا کا ابد تک جلال ہوتا رہے۔آمین!

لہٰذا، خدا کی حکمت سب سے زیادہ جاننے والا خدا ہے جس کے پاس بہترین اور اعلیٰ اہداف کا انتخاب کرنے کی صلاحیت (یا طاقت) ہے اور ان اہداف کو حاصل کرنے کا بہترین ذریعہ ہے تاکہ وہ اپنی سب سے زیادہ تسبیح کر سکے۔

2.خدا اپنی حکمت کو کیسے ظاہر کرتا ہے؟

ہم خدا کی حکمت کو کم از کم چار شعبوں میں ظاہر ہوتے دیکھ سکتے ہیں۔

تخلیق میں۔ ہم زبور باب 104، آیت 24 میں پڑھتے ہیں، "اے خداوند! تو نے کئی حیرت انگیز کام کیا۔ تیری بنائی ہوئی چیزوں سے زمین بھری پڑی ہے۔

صفت 7: خدا کی حکمت

سب کچھ جو تو کر تا ہے اس میں تیری حکمت نظر آتی ہے" پوری کائنات کا انتظام اور ہمارے جسموں کی تخلیق کا منفرد طریقہ خدا کی حکمت کو واضح طور پر ظاہر کرتا ہے۔

فدیہ میں۔ ہم 1 کرنتھیوں باب 1، آیت 18 اورآیت 25 میں یہ الفاظ پڑھتے ہیں، "ان کے لئے صلیب کا پیغام ہلاک ہو نے والوں کے نز دیک بے وقوفی ہے لیکن ہم نجات پا نے والوں کے نزدیک یہ خدا کی قوت ہے... کیوں کہ خدا کی بے وقوفی آدمیوں کی حکمت سے زیادہ اور خدا کی کمزوری آدمیوں کی طاقت سے زیادہ طاقتور ہے۔" ان آیات میں، پولس بنیادی طور پر کہتا ہے کہ صلیب کا پیغام ان لوگوں کے لیے بے وقوفی ہے جو ایمان نہیں لاتے (یعنی دنیا کے "دانشمند")۔ لوگوں کو بچانے کا ایسا طریقہ کون سوچے گا؟ پھر بھی، جو لوگ ایمان رکھتے ہیں، وہ اس پیغام کے ذریعے خدا کی حکمت کو سمجھتے ہیں۔ خُدا اپنے بچاؤ کے کام کو اس طرح پورا کرتا ہے (یعنی صلیب کے بارے میں تبلیغ کے ذریعے) تاکہ ''خدا کی موجودگی میں کوئی بشر فخر نہ کرے'' (1 کرنتھیوں باب 1، آیت 29)!

عبادت گاہ میں۔ جب پولس نے یہودیوں اور غیر یہودی دونوں کو خوشخبری کی تبلیغ کی، ایمان لانے پر، یہ

دونوں گروہ جو صدیوں سے نسلی طور پر منقسم تھے مسیح میں ایک متحد جسم بن گئے۔ افسیوں، باب3، آیت6 کہتی ہے، "یہ وہ سچا بھید ہے جسے کہ غیر یہودی یہودی کی طرح پا ئیں گے جو کہ خدا اپنے لوگوں کے لئے رکھا ہے۔ غیر یہودی بھی یہودی کے ساتھ بدن میں شا مل ہیں اور خدا نے جو وعدہ یسوع مسیح میں کیا ہے اس میں دونوں ایک ساتھ حقدار ہیں۔ غیر یہودی بھی اس خوشخبری کی وجہ سے ان سب کے حصّہ دار ہیں۔" ان دونوں گروہوں کو ایک ساتھ لا کر، خُدا نے اپنا مقصد پورا کیا: "خدا کا مقصد اب یہ تھا کہ کلیسا کے ذریعہ یہ ظاہر کرے کہ تمام حاکموں اور با اختیار لوگ جو آسما نی مقاموں میں ہیں انہیں خدا کی حکمت کے نمونوں کا علم ہو جائے۔ یہ منصوبہ جو خدا نے اپنی مرضی کے مطا بق جو بہت پہلے ہی بنا یا تھاہمارے خدا وند یسوع مسیح کے ذریعہ پو را کیا" (افسیوں باب 3، آیات 10 تا 11)۔ مثال کے طور پر، یہاں تک کہ فرشتے اور شیاطین بھی مختلف نسلی، ثقافتی، اور معاشی پس منظر کے لوگوں کی طاقت کو دیکھتے ہیں جب وہ مسیح میں ایک جسم کے طور پر اکٹھے ہوتے ہیں۔ اور یہ خدا کی حکمت کو گہرا طور پر ظاہر کرتا ہے اور بالآخر اس کے جلال کو لاتا ہے۔

مومنوں کی زندگی میں۔ جب خدا نے انسانوں سمیت پوری کائنات کو تخلیق کیا تو اس نے چاہا کہ ان کے ذریعے جلال اور عزت حاصل کی جائے۔ ہمیں مکاشفہ باب 4، آیت 11 میں بتایا گیا ہے، "اے خداوند ہما رے خدا، تو ہی قدرت وا لا ہے۔ تو ہی عزت اور جلال کے لا ئق ہے کیوں کہ تو ہی ہے جس نے ساری چیزوں کو پیدا کیا اور ہر چیز کی تخلیق اور ان کا وجود اب تک تیری ہی مر ضی سے ہے۔" مختلف طریقے سے بیان کیا گیا ہے، ہمیں خدا کو ہمارا واحد خزانہ اور محبت کا مقصد بنانے کے لیے بنایا گیا ہے۔ اپنے تمام دلوں اور دماغوں اور طاقت کے ساتھ اس سے محبت کرنا ہمارے وجود کا مقصد ہے۔

تاہم، گناہ کے داخلے اور اس کے تباہ کن اثرات کی وجہ سے، اس مقصد میں رکاوٹ پیدا ہو گئی ہے— ایک وقت کے لیے! تاہم، خوش خبری کے ذریعے، خُدا تمام چیزوں کو اپنے پاس لانے کے لیے کام کر رہا ہے تاکہ تمام مخلوقات کے اُس أصل مقصد کو حاصل کیا جا سکے جو اُس کی تسبیح اور عزت کرتا ہے جیسا کہ وہ بجا طور پر مستحق ہے۔ اس مقصد میں شامل ہے اپنے لیے ایک ایسے لوگوں کی تشکیل جو ہر چیز سے بڑھ کر اُس سے پیار کرے گا، اُس کی قدر کرے گا، اور اُس کی عزت کرے گا: وہ لوگ

خدا کی صفات

جو اُس کے بچوں کے نام سے جانے جاتے ہیں— جس میں ہم، دونوں آپ اور میں شامل ہوں! اور یہ مقصد مکمل طور پر حاصل ہو جائے گا جب ہم سب یسوع مسیح کی طرح بنائے جائیں گے۔ مومن کے لیے اس کا مقصد یہی ہے۔ یہاں چند تحریریں ہیں جو اس شاندار سچائی کو اجاگر کرتی ہیں۔

رومیوں باب 8، آیات 28 تا 29 – *ہم کو معلوم ہے کہ سب چیزیں مل کر خدا سے محبت رکھنے والوں کے لئے بھلا پید ا کرتی ہیں یعنی ان کے لئے جو خدا کے مقصد کے مطا بق بلا ئے گئے۔ خدا نے اس دنیا کے پیدا ہو نے سے پہلے ہی ان لوگوں کو مقرر کیا۔ اور اپنے بیٹے کی ہمشکل میں رہنے کیلئے طے کیا تا کہ سب بھائیوں اور بہنوں میں وہ پہلا ہونا چاہئے۔*

1 کرنتھیوں باب 15، آیت 49 – اور جس طرح ہم اس خاکی صورت کو اپنا ئے ہو ئے ہیں اُسی طرح وہ اُس آسما نی صورت کو بھی اپنا ئے ہو ئے ہو نگے۔

فلپیوں باب 3،آیات 20 تا 21 – *ہماری منزل آسمان میں ہے۔ جہاں ہم اپنے نجات دہندہ کے آنے کے منتظر ہیں وہ نجات دہندہ منجی یعنی*

خدا وند یسوع مسیح ہی ہے۔ وہ ہمارے ناقص جسموں کو بدل کر اپنے جلالی جسم جیسا بنا دیگا۔ مسیح یہ اپنی طاقت سے کر سکتے ہیں اور اس طاقت کے ذریعہ وہ ہر چیز پر حکومت کرنے کے اہل ہے۔

لہٰذا، خُدا ہماری زندگی کے تمام واقعات، خوشیوں اور تکالیف دونوں کو، ہمیں اس حتمی حقیقت کی تکمیل تک پہنچانے کے لیے کام کر رہا ہے: اپنے بیٹے کی طرح بننا! لیکن جب ہم اس سچائی کو سمجھنے میں ناکام رہتے ہیں، تو ہم خوشی سے اُس کی مرضی کو قبول نہیں کریں گے—خاص طور پر جب ہم آزمائشوں کا سامنا کرتے ہیں! ہمیں یاد رکھنا چاہیے کہ یسوع مسیح بھی مصیبت سے مستثنیٰ نہیں تھا (عبرانیوں باب 2، آیت 10)۔ اور ہمیں اس کے نقش قدم پر چلنے کے لیے بلایا گیا ہے (1 یوحنا باب 2، آیت 6)! اس لیے جب مصیبت آتی ہے تو ہمیں توجہ نہیں کھونی چاہیے۔ ہمیں پو لس کی طرح جواب دینا چاہیے، یہاں تک کہ بے لگام آزمائشوں کے باوجود، خُدا کے فضل میں آرام کر کے (2 کرنتھیوں باب 12، آیات 7 تا 10)۔ ہمیں خُدا کی راہوں پر بھروسہ کرنا اور اُس کے آگے جھکنا چاہیے کیونکہ، ہماری زندگی کے تمام حالات کے ذریعے، ایک تمام عقلمند خُدا ہمیں مسیح

کی صورت میں ڈھال کر اپنے آپ کو جلال دینے کی کوشش کرتا ہے۔

3.خُدا اپنی حکمت ہم تک کیسے پہنچاتا ہے؟

خدا کی صفات میں سے کچھ لاتعلق ہیں (مثلاً، ہمہ گیریت، ہمہ دانی، ابدیت، وغیرہ)۔ تاہم، حکمت ایک قابل ابلاغ صفت ہے۔ ہم یہ کیسے جانتے ہیں؟ کیونکہ بائبل ایسا کہتی ہے! بائبل میں متعدد احکامات ہمیں حکمت میں بڑھنے کے لیے کہتے ہیں۔ امثال کی کتاب کی اکثریت اس سچائی کی تائید کرتی ہے۔

امثال باب 1، آیات 1 تا 2 – داؤد کے بیٹے اور اسرائیل کا بادشاہ سلیمان کی امثال (کہاوتیں)۔ یہ باتیں حکمت اور نظم و ضبط سکھا نے ،عقل و فہم کی باتوں کو سمجھنے کے لئے۔

امثال باب 4، آیت 5 – حکمت اور سمجھ حاصل کرو میرے الفاظ کو مت بھو لو اور ان سے مت پھرو۔

صفت 7: خدا کی حکمت

امثال باب 5، آیت 1 – *میرے بیٹے! میری حکمت پر دھیان دو ، اور میری سمجھداری کی باتوں کو دھیان سے سنوا۔*

نہ صرف امثال بلکہ بائبل کی دوسری کتابوں میں بھی اسی خیال کا ذکر ہے۔

متی باب 10، آیت16ب – *تم سانپوں کی طرح ہوشیار رہو۔ کبوتروں کی طرح کوئی غلطی نہ کرو۔*

افسیوں باب 5، آیت 15 – *پس غور کرو کہ تم کس طرح کی زندگی جیتے ہو۔ ان لوگوں کی طرح مت رہو جو عقلمند نہیں ہیں بلکہ عقلمندوں کی طرح رہو۔*

ان صحیفوں سے، یہ واضح ہے کہ خدا ہمیں حکمت دینا چاہتا ہے۔ تو، ہم اسے کیسے حاصل کرتے ہیں؟

سب سے *پہلے*، ہمیں *اپنی* حکمت کی ضرورت کو *سمجھنا* چاہیے۔ ہمارے پاس جو چیز ہے جس پر ہم حکمت کے طور پر فخر کرتے ہیں (یعنی انسانی عقل) خدا کے سامنے حماقت ہے۔ ہمیں عاجزی کے ساتھ تسلیم کرنا چاہیے کہ ہمارے پاس وہ حکمت نہیں ہے جسے بائبل سچی حکمت کے طور پر بیان کرتی ہے۔

ہمیں، اگور کی طرح، خدا کے سامنے یہ اعتراف کرنا چاہیے: "میں تمام آدمیوں میں سب سے زیادہ جاہل آدمی ہوں۔ میرے اندر انسانی سمجھ بوجھ بھی نہیں ہے۔ میں نے حکمت نہیں سیکھی۔ میں نے متبرک علم حاصل نہیں کیا۔" (امثال باب 30، آیات 2 تا 3) ۔

دوم، ہمیں یہ سمجھنا چاہیے کہ خدا ان لوگوں کو حکمت دے گا جو اس سے مانگتے ہیں۔ امثال باب 2، آیت 6 ہمیں یقین دلاتی ہے، "کیونکہ خداوند حکمت عطا کر تا ہے۔ علم اور سمجھ ا س کے منہ سے نکلتی ہے۔" کوئی تعجب کی بات نہیں کہ پولس نے اپنے خطوط میں اکثر دوسرے ایمانداروں کی زندگیوں میں حکمت کے لیے دعا کی۔ (فلپیوں باب 1، آیات 9 تا 11؛ کلسیوں باب 1، آیت 9) تاہم، جب ہم پوچھتے ہیں، تو ہمارے سوال کو ان چار رویوں سے نشان زد کیا جانا چاہیے:

1. خُداوند کا خوف (زبور باب 11، آیت 10؛ امثال باب 1، آیت 7 اور باب 9، آیت 10) ۔

2. استقامت (امثال باب 2، آیات 1 تا 6) ۔

3. عاجزی (امثال باب 11، آیت 2) ۔

4. ایمان (یعقوب باب 1، آیت 5، خاص طور پر
آزمائشوں کے تناظر میں)

تیسرا، ہمیں یہ سمجھنا چاہیے کہ خدا اسے اپنے کلام
کے ذریعے دیتا ہے۔ صرف صحیفے ہی ظاہر کرتے
ہیں کہ ہم کیسے بچائے جاسکتے ہیں (2 تیمتھیس،
باب 3، آیت 15) اور ہم کیسے پاک کیے جاسکتے ہیں
(یعنی پاکیزگی میں بڑھتے ہیں) (2 تیمتھیس باب 3،
آیت 16؛ یوحنا باب 17، آیت 17؛ اعمال باب 20،
آیت 32؛ استثنا باب 4، آیات 5 تا 8؛ زبور باب 19،
آیت 7 اور باب 119، آیت 11)۔ یہی وجہ ہے کہ یسوع
مسیح نے کہا کہ ہم ''صرف روٹی ہی سے نہیں جیتا،
بلکہ خدا کے ہر ایک کلام سے جو اس نے کہیں'' (متی
، باب4، آیت4)۔ افسوس کی بات ہے کہ آج کل، زیادہ تر
ایماندار صحیفوں کو براہِ راست لینے کے بجائے
سوشل میڈیا، ٹیلی ویژن یا دیگر ذرائع سے زندگی
گزارتے ہیں۔ کوئی بھی صحیفوں کے علاوہ حقیقی
حکمت میں ترقی نہیں کر سکتا! یہ وہ کلام ہے، جیسا
کہ روح القدس کے ذریعے لاگو ہوتا ہے جسے خُدا
ہماری حکمت اور سمجھ میں بڑھنے میں مدد کرنے
کے لیے استعمال کرتا ہے۔ بلاشبہ محض علم کام نہیں
آئے گا۔ ہمیں خدا کی تعلیمات پر عمل کرنا چاہیے۔ اگر

نہیں، تو ہم اپنے آپ کو دھوکہ دے رہے ہیں (یعقوب باب 1، آیت 22)!

جب مذکورہ بالا تین رویے ہمارے مانگنے کی نشاندہی کرتے ہیں، تو ہم یقین رکھ سکتے ہیں کہ خدا ہمیں حکمت عطا کرے گا۔ کیوں؟ کیونکہ ایسی خواہش ظاہر کرتی ہے کہ ہم اس حکمت کو کام لانے کی کوشش کرنے کی کوشش کرتے ہیں تاکہ ہم خدا کی تمجید کریں نہ کہ خود کو! اور ہم یقین رکھ سکتے ہیں کہ ایسا رویہ خدا کو خوش کرتا ہے، اور خدا اپنی حکمت ایسے دلوں پر ڈال دے گا۔

4. ہم کیسے جان سکتے ہیں کہ اگر ہم خدا کی حکمت میں بڑھ رہے ہیں؟

یعقوب باب 3، آیات 13 تا 18 ایک اچھا امتحان ہے:

کیا تم میں کوئی ایسا آدمی ہے جو عقلمند اور تعلیم یافتہ ہو؟ تو پھر اس کو اپنی عقلمندی کو نیک چال و چلن کے ذریعے اس عاجزی کے ساتھ ظاہر کرے جو حکمت سے پیدا ہوتا ہے۔ لیکن اگر تم خود غرض ہو اور تمہارے دل میں شدید حسد ہو تو تمہیں شیخی کرنے کی کوئی وجہ نہیں تمہاری شیخی ایک جھوٹ ہے جو

صفت 7: خدا کی حکمت

سچائی کو چھپاتی ہے۔ اس قسم کی "دانائی" خدا کی طرف سے نہیں آتی یہ تو دُنیا کی طرف سے ہے یہ رُوحانی نہیں بلکہ شیطان کی طرف سے ہے۔ جہاں حسد اور خود غرضی ہو وہاں بے ضابطگی اور ہر قسم کی بُرا ئی ہے۔ لیکن جو حکمت اُوپر سے آتی ہے پہلے یہ پاک ہے پھر پُر امن۔ نرم اور وسیع ذہن آسانی سے قبول کر نے والی نئی سچّا ئی یہ رحم سے بھر پور نیک عمل کر نے اور دوسروں کے ساتھ ایماندار اور غیر جانب دار رہتی ہے۔ جو لوگ امن کے لئے پُر امن طریقےسے کام کر تے ہیں وہ راستبازی کے ذریعہ اچھی چیزوں کو پا تے ہیں۔

ہماری زندگی یعقوب کے کہنے سے کیسے میل کھاتی ہے؟ جواب ہم میں سے ہر ایک کو بتائے گا کہ ہم بڑھ رہے ہیں یا نہیں۔

چنانچہ حکمت کے بارے میں چار سوالات پوچھے گئے اور ان کے جوابات دیئے گئے:

1. خدا کی حکمت کیا ہے؟

2. خدا اپنی حکمت کو کیسے ظاہر کرتا ہے؟

3. خُدا اپنی حکمت ہم تک کیسے پہنچاتا ہے؟

4. ہم کیسے جان سکتے ہیں کہ آیا ہم خدا کی حکمت میں بڑھ رہے ہیں؟

جیسا کہ میں نے پہلے کہا، پولس نے ہمیں بتایا کہ ہم کبھی بھی خدا کے طریقوں کو پوری طرح سے نہیں سمجھ سکتے۔ وہ ہماری سمجھ سے باہر ہیں (رومیوں باب 11، آیت 33)۔ پرانے عہد نامے میں بھی، خُدا نے یسعیاہ کے ذریعے ہم پر واضح کیا: ''تمہارے خیالات ویسے نہیں، جیسے میرے ہیں۔ تمہاری راہیں ویسی نہیں جیسی میری راہیں ہیں۔ جیسا کہ جنت زمین سے زیادہ اونچی ہے اسی طرح تمہاری راہوں سے میری راہیں بلند ہیں۔ اور میرے خیالات تمہارے خیالات سے بلند ہیں۔ '' (اشعیا باب 55، آیات 8 تا 9)۔ ہاں، ایسے مواقع ہمیشہ آئیں گے جب ہم یہ نہیں سمجھ سکتے کہ ہمارے ساتھ کچھ واقعات کیوں پیش آئے یا نہیں ہوئے۔ ان مواقع کے دوران خدا کے احکامات کو سمجھنا اور ان پر عمل کرنا مشکل معلوم ہو سکتا ہے۔ ایسے وقت میں ہمارا ردعمل کیا ہونا چاہیے؟ یہاں صحیفوں سے کچھ جوابات ہیں:

امثال باب 3، آیات 5 تا 6 – خداوند پر مکمل توکل رکھ اپنی سمجھ اور فہم پر بھروسہ مت

رکھ ہر ایک چیز میں جسے تم کرتے ہو ہمیشہ خدا کی منشا کو جاننے کی کوشش کرو ہ تمہارے راستہ کو سیدھا کرے گا۔

1 پطرس باب 4، آیت 19 *–تو وہ لوگ جو خدا کی مرضی سے دکھ اٹھا تے ہیں انہیں چاہئے کہ اپنی روحوں پر بھروسہ کر کے اسی کے سپرد کر دیں خدا ہی ہے جس نے انہیں بنایا اور وہ اُس پر بھروسہ کر سکتے ہیں تو پھر انہیں نیک عمل کو جاری رکھنا چاہئے۔*

مسیح میں پیارے ساتھی بھائی اور بہن، یاد رکھیں، آپ اور میرے لیے خُدا کا حتمی مقصد ہمیں ایک ایسی حالت میں لانا ہے جہاں ہم اُس کے بیٹے کی طرح ہوں گے اور، اس طرح، اُسے پوری طرح خوش کریں۔ جب ہم اس سچائی کو بھول جائیں گے تو ہمیں اُس کی مرضی کے مطابق ہونے میں دشواری ہوگی۔ تاہم، پورے دل سے اس کو قبول کرنے کا نتیجہ ایک ایسی زندگی کا باعث بنے گا جو نہ صرف خوشگوار ہو بلکہ ایک ایسی زندگی جو مسلسل اور بڑھتی ہوئی مقدار میں خدا کو جلال بخشتی رہے۔

پیارے غیر مسیحی دوست، اگر آپ مومن نہیں ہیں یا صرف عیسائی ہونے کا کھیل کھیل رہے ہیں، تو براہ

کرم یاد رکھیں کہ آپ کی حکمت خدا کے سامنے بے
وقوفی ہے (رومیوں باب 1، آیت 21)۔ آپ کو خدا کی
حکمت کی طرف رجوع کرنے کی ضرورت ہے جیسا
کہ صلیب پر دکھایا گیا ہے۔ آپ کو خُدا کو خوش کرنے
کی کوشش کرنے کے اپنے طریقوں سے مُڑ کر اُس
کے راستے کی طرف رجوع کرنے کی ضرورت ہے۔
اور وہ اپنے بیٹے، یسوع کو دیکھ کر، جس نے کامل
زندگی گزاری (جسے آپ ایک سیکنڈ کے لیے بھی
نہیں جی سکتے)، صلیب پر مر گیا، اور دوبارہ جی
اُٹھا۔ یسوع کے پاس آئیں ''مسیح میں پو را خزانہ
عقلمندی کا اور معلومات کا چھپا ہوا ہے'' (کلسیوں
باب 2، آیت 3)۔ اس پر اپنا ایمان رکھیں اور اس کی
پیروی کریں۔ یہ سب سے عقلمند چیز ہے جو آپ کبھی
کر سکتے ہیں!

بحث کے سوالات-----------------------------

1. اس باب نے خدا کی حکمت کے بارے
میں آپ کے نظریہ کو کیسے متاثر کیا
ہے؟

2. خدا کی اس صفت کی روشنی میں آپ
زندگی میں کیا تبدیلیاں لا سکتے ہیں؟

3. خدا کی یہ صفت آپ کی دعاؤں پر کیسے اثر انداز ہوتی ہے؟

4. خدا کی یہ صفت آپ کی انجیلی بشارت پر کیسے اثر انداز ہوتی ہے؟

مراقبہ / حفظ کے لئے صحیفہ کی آیت ‎--------

رومیوں باب 11، آیت 33 – اہ! خدا کی حکمت اور علم کیا ہی عمیق ہے اس کے فیصلے ہماری سمجھ کے باہر ہیں اور اس کی راہوں کو ہم سمجھ نہیں سکتے۔

‎--دعا

باپ، آپ تمام حکیم خدا ہیں۔ حکمت میں، تو نے تمام چیزوں کو پیدا کیا ہے۔ تم نے میری زندگی کے ہر قدم کو شروع سے آخر تک ارادہ کیا ہے۔ میں کتنی بے وقوف ہوں کہ میں اکثر سوچتا اور عمل کرتا ہوں گویا میرے طریقے تیرے راستے سے بہتر ہیں۔ مجھے میری اپنی راہوں پر چلنے سے بچا، باپ۔ مجھے اپنی حکمت اور طریقوں پر بھروسہ کرنے میں مدد کریں جیسا کہ آپ صحیفوں کے ذریعے

ظاہر کرتے ہیں، چاہے یہ مجھے مشکل راستوں کی طرف لے جائے۔ براہِ کرم میرے تمام طریقوں سے آپ کو خوش کرنے میں میری رہنمائی اور مدد فرما۔

آمین!

صفت 8

خدا کا غضب

خدا کے غضب سے مراد تمام گناہوں سے اس کی ہمیشہ اور مقدس نفرت ہے، جس کے نتیجے میں وہ اسے سزا دیتا ہے۔

کلیسیا کی سب سے زیادہ نظر انداز شدہ تعلیمات میں سے ایک اور بہت سے عیسائیوں کا دعویٰ خدا کے غضب کی سچائی ہے۔ یہاں تک کہ اس صفت کا ذکر بھی بہت سے لوگوں کے لیے مکروہ ہے۔ اور جب خُدا کے غضب سے نمٹنے کے لیے مجبور کیا جاتا ہے، تو معذرت خواہانہ طریقے سے ایسا کرنے کا رجحان ہوتا ہے، تقریباً یہ کہنے کی طرح، ''مجھے افسوس ہے کہ بائبل خدا کو غضب کا خدا قرار دیتی ہے۔''

اکثر، اس طرح کے منفی رویہ کی وجہ محبت کے خدا کے غضب کا خدا ہونے کے ناطے بھی لوگوں کو صلح کرنے میں دشواری ہوتی ہے۔ وہ اس سوچ کے ساتھ کشتی لڑتے ہیں، "ایک پیار کرنے والا اور رحم کرنے والا خدا بھی سزا دینے والا خدا کیسے ہو سکتا

ہے؟" اس طرح کی سوچ خدا کے بارے میں غلط
نظریہ کی وجہ سے ہے جو کہ بائبل خدا کی صفات
کے بارے میں کیا کہتی ہے اس کی صحیح سمجھ کی
کمی سے پیدا ہوتی ہے۔ عام طور پر، جب ہم لفظ
"غضب" استعمال کرتے ہیں تو بہت سے لوگوں کے
ذہن میں سب سے پہلی چیز جو آتی ہے وہ ہے ایک
پاگل بندوق لے کر بھاگنا اور لوگوں کو اندھا دھند گولی
مارنا ہے۔ وہ خُدا کو اُسی روشنی میں دیکھتے ہیں جو
کسی ایسے شخص کی طرح ہے جو لوگوں کو محض
اس لیے مارتا ہے یا تکلیف پہنچاتا ہے کہ وہ اپنا غصہ
کھو بیٹھا ہے۔ سچائی سے کچھ بھی دور نہیں ہے۔
گنہگار انسانی غصے کے برعکس، خُدا کا قہر اُس کی
پاک فطرت کے مطابق ہے۔

خدا پاک ہے۔ اور گناہ - ہر قسم کا گناہ - خدا کی پاک
فطرت کی مخالفت کرتا ہے۔ ایک اور طریقے سے بیان
کیا گیا: گناہ سب کچھ ہے جو خدا کے برعکس ہے۔
ایک خودمختار خدا کسی بھی چیز کو کیسے برداشت
کرسکتا ہے جو اس کی مخالفت کرتا ہے اور پھر بھی
خود مختار رہتا ہے؟ نہیں، خُدا کو اپنے مقدس اور
راست کردار کے مطابق گناہ کی سزا دینی چاہیے۔ ایک
مقدس خدا کا تصور کریں جو گناہ سے نفرت نہیں کرتا
تھا یا اس سے بے سکون بھی تھا۔ کیا ہم بغیر کسی

صفت 8: خدا کا غضب

رکاوٹ کے ایک سچا خُدا ہونے کے لیے اُس کی مکمل تعریف کر سکتے ہیں؟ درحقیقت، ہم نہیں کر سکتے!

لہٰذا، ہمیں خدا کے غضب کو ایک منفی صفت یا ایسی چیز کے طور پر نہیں دیکھنا چاہیے جو اس کی دوسری صفات، جیسے محبت، رحم، مہربانی اور نیکی کے خلاف ہو۔ خدا تمام کمالات کا مجموعہ ہے۔ جب کہ خُدا کامل محبت کر سکتا ہے، وہ اُن تمام چیزوں سے بالکل نفرت بھی کر سکتا ہے جو اچھّی چیز کے مخالف ہیں—یعنی برائی۔ خُدا کامل نہیں ہو سکتا اگر وہ گناہ سے نمٹنے نہیں دیتا۔ اس لیے ہمیں حیران نہیں ہونا چاہیے کہ بائبل اکثر خدا کے غضب کے بارے میں بات کرتی ہے۔ درحقیقت، خدا خود اپنے غضب کو واضح الفاظ میں بغیر کسی شرم اور معذرت سے بیان کرتا ہے:

استثناء باب 32، آیات 39 تا 41 –*اب دیکھو، میں ہی صرف خدا ہوں۔ کوئی دوسرا خدا نہیں! میں ہی لوگوں کو موت دیتا ہوں اور میں لوگوں کو زندہ رکھتا ہوں۔ میں لوگوں کو ضرر پہنچاتا ہوں اور میں ہی انہیں اچھا کرتا ہوں! کوئی بھی شخص میری قوت سے انہیں بچا نہیں سکتا ہے۔ میں آسمان کی طرف اپنا ہاتھ اٹھا کر اعلان کرتا ہوں: میں اپنی زندگی کی قسم کھاتا ہوں،*

یہ باتیں ہونگی ۔ میں اپنی بجلی کی تلوار کو تیز کروں گا اس کو دشمنوں کو سزا دینے کیلئے استعمال کروں گا۔ میں انکو اس سے ایسی سزا دو ں گا جس کے وہ مستحق ہیں۔

جو پاکیزہ اور پیاری ہر چیز سے لطف اندوز ہوتا ہے وہ فطرتاً ہر ناپاک اور گندی چیز سے بھی نفرت کرتا ہے۔ اور یہ کامل معنی رکھتا ہے۔

خُدا ہی واحد نہیں ہے جو اپنے غضب کا اعلان کرنے میں بے شرم ہے۔ عہد نامہ قدیم میں انبیاء اور نئے عہد نامہ میں رسول بھی اس کی تبلیغ کرنے میں بے شرم تھے۔

یسعیاہ باب 30، آیت 21 – دیکھو! دور سے خداوند آرہا ہے اس کا قہر ایک ایسی آگ کی مانند ہے جو دھو ئیں کے کالے بادلوں سے بھرا ہے۔ اس کے لب قہر آ لودہ اور اس کی زبان بھسم کر نے وا لی آگ کی مانند ہے۔

رومیوں باب 1، آیت 18 – خدا کا غضب آسمان سے لوگوں کے برے کاموں اور بدکاریوں کے خلاف نازل ہو تا ہے۔ ان لوگوں کے پاس سچا ئی ہے لیکن اپنی بد کاری کی زندگی سے سچا ئی کو چھپا ئے رکھتے ہیں۔

لہٰذا، خُدا اپنے غضب کو بیان کرنے سے نہیں شرماتا۔ انبیاء اور رسولوں اس سے شرمندہ نہیں ہوئے ۔ اور نہ ہی ہمیں چاہیے! برائی کو سزا دے کر، خدا انصاف کرتا ہے۔ وہ ظاہر کرتا ہے کہ وہ ایک عادل خدا ہے۔ یہی بات نفرت کے بارے میں بھی ہے۔ ہم نفرت کو ایک بری چیز کے طور پر دیکھتے ہیں، لیکن حقیقت میں، خدا چیزوں سے نفرت کرتا ہے—بہت سی چیزوں سے۔ آپ کسی چیز سے اس کے مخالف سے نفرت کیے بغیر پیار نہیں کر سکتے۔ لہذا اگر آپ سچائی سے محبت کرتے ہیں، تو آپ کو جھوٹ سے نفرت کرنی چاہیے۔ اگر آپ جھوٹ سے نفرت نہیں کرتے ہیں، تو آپ واقعی سچ سے محبت نہیں کرتے۔ اگر آپ آزادی سے محبت کرتے ہیں تو آپ کو غلامی سے نفرت کرنی چاہیے۔ لہٰذا اگر خُدا ہم سے محبت کرتا ہے، تو اُسے اُس سے نفرت کرنی چاہیے جو ہمیں تباہ کر دے گی۔

ہم انسانی عدالتوں کی تعریف کرتے ہیں جب وہ برے کام کرنے والوں کے خلاف انصاف کرتے ہیں۔ ہمیں اس مقدس خُدا کی مزید کتنی تعریف کرنی چاہیے جو اپنے غضب میں، بدکاروں کے خلاف کامل انصاف کرتا ہے؟ صحیفہ گواہی دیتا ہے کہ جب خُدا اپنے تمام دشمنوں کے خلاف مستقبل میں اپنے غضب کو مکمل

طور پر نافذ کرے گا تو ہم خوش ہوں گے - ایک ایسا تصور جسے اس وقت سمجھنا تھوڑا مشکل ہو گا کیونکہ ہم ابھی جسم میں ہیں۔

استثناء باب 32، آیت 43 – *اے قومو، خدا کے لوگوں کو خوش کرو۔ وہ ان لوگوں کو سزا دیتا ہے جو اس کے خادموں کو مار ڈالتے ہیں۔ وہ اس کے دشمنوں کو ایسی سزا دیتا ہے جس کے وہ مستحق ہیں۔ اور وہ اپنی سرزمین کے لوگوں کیلئے کفّارہ دیگا۔*

مکاشفہ باب 19، آیات 1 تا 3 – *ان باتوں کے بعد میں نے آسمان پر گو یا بڑی کلیسا کو بلند آواز سے یہ گاتے ہو ئے سنا کہ: "ہلّلویاہ! فتح اور جلال اور قدرت ہمارے خدا ہی کی ہے۔ اسکے فیصلے سچّے اور درست ہیں ہمارے خدا نے اس فاحشہ کو سزا دی جس نے زمین کو اپنی حرام کاریوں سے خراب کیا تھا اور اس سے اپنے بندوں کے خون کا بدلہ لیا۔" ایک بار پھر آسمان پر انہوں نے کہا: "ہلّلویاہ۔ اس کے جلنے سے ہمیشہ دھواں اٹھتا ہی رہیگا۔"*

صفت 8: خدا کا غضب

ہم ان آیات سے یہ سچائی سیکھتے ہیں: جس طرح ہم خدا کی رحمت اور محبت کے اظہار کے لیے اس کا شکر ادا کرتے ہیں اور اس کی تعریف کرتے ہیں، اسی طرح ہمیں اس کے غضب کو ظاہر کرنے کے لیے بھی اس کا شکریہ ادا کرنا چاہیے۔

بائبل کے مصنفین کے لیے، انجیل "خدا محبت ہے" سے شروع نہیں ہوئی تھی۔ یہ خدا کے راستباز اور مقدس ہونے کے ساتھ شروع ہوا اور یہ کہ ہم سب اس کے مقدس معیار سے کم ہو گئے ہیں۔ ہم خدا کے ساتھ ٹھیک نہیں ہیں اور اس لئے اس کے ساتھ صحیح ہونے کی ضرورت ہے۔ یہ ان کی خوشخبری کی تبلیغ کا نقطہ آغاز تھا، جو ہمارا نقطہ آغاز بھی ہونا چاہیے۔ لہٰذا، خدا کے غضب کے خیال سے پریشان ہونے کے بجائے، میں امید کرتا ہوں کہ ہم دیگر صفات کی طرح خدا کی اس صفت کو بے شرمی سے بیان کرنے کی کوشش کریں گے۔

پھر، خدا کے غضب سے متعلق سچائیوں کے کیا اثرات ہیں؟

مسیحی کے لیے چار مضمرات

1. ہمیں اب خدا کے غضب سے ڈرنے کی ضرورت نہیں ہے۔

اگرچہ ہم غضب کے بچے تھے (افسیوں باب 2، آیت 3)، ہم اب خُدا کے بچے ہیں اور مسیح کے ساتھ شریک وارث ہیں (رومیوں باب 8، آیات 16 تا 17) ۔ ہم سے 1 تھیسالونیکیوں باب 1، آیت 10ب میں وعدہ کیا گیا ہے کہ " یسوع... ہمیں خدا کے آنے والے غضب سے بچا تے ہیں۔"

کافروں کو خدا کے غضب کا موضوع پسند نہیں ہے کیونکہ، اندر سے، وہ جانتے ہیں کہ وہ مجرم ہیں۔ ان کی واحد امید ان کی خود راستبازی میں ہے اور یہ کہ ان کے اچھے کام انہیں جنت میں لے جائیں گے۔ جب کوئی اپنی کوششوں پر انحصار کرتا ہے تو یہ مضبوط امید نہیں ہے۔ تاہم، بطور مومن، ہم اپنی راستبازی پر بھروسہ نہیں کر رہے ہیں۔ ہم صرف مسیح کی راستبازی پر بھروسہ کرتے ہیں، جو خدا کے مقدس معیارات کو مکمل طور پر پورا کرتی ہے۔ یہی وجہ ہے کہ ہمارے پاس ٹھوس اور غیر متزلزل امید ہے کہ

ہم مسیح میں محفوظ ہیں اور اس طرح اب خدا کے غضب سے نہیں ڈرتے۔

2. ہم خدا کا زیادہ شکر ادا کریں گے۔

یہ جان کر کہ ہم خُدا کے غضب کا تجربہ نہیں کریں گے، ہمیں خُدا کا اور زیادہ شکر ادا کرنے کا باعث بنے گا۔ جب ہمیں احساس ہوتا ہے کہ ہمارا ہمیشہ مستقبل بہت محفوظ ہے - اس وجہ سے نہیں کہ ہم نے کیا کیا ہے - بلکہ اس وجہ سے جو خدا نے یسوع کے ذریعے ہمارے لیے کیا ہے، ہم مسلسل شکر گزاری میں بڑھیں گے (زبور باب 116، آیات 12 تا 13)۔

3. ہم خدا سے زیادہ ڈریں گے اور اس طرح گناہ سے زیادہ نفرت کریں گے

جب کہ حقیقی مسیحی نجات کھونے کے معنی میں کبھی بھی خُدا کے غضب کا تجربہ نہیں کرے گا، ایک مومن بعض اوقات سخت نظم و ضبط کی توقع کر سکتا ہے جب کوئی توبہ نہ کرنے والا گناہ ہو (1 کرنتھیوں باب 11، آیات 28 تا 32)۔ خدا کے غضب کی مسلسل عکاسی مومن کو اس قابل بناتی ہے کہ وہ گناہ کو سنجیدگی سے لے، گناہ کی زندگی گزارنے کے لیے

بہانے نہ بنائے، اور اس طرح گناہ سے مزید نفرت کرے۔ عملی معنوں میں خُداوند سے ڈرنے والی زندگی گزارنے کا مطلب ہے گناہ سے زیادہ نفرت کرنا، جیسا کہ امثال باب 8، آیت 13 بیان کرتا ہے، "اگر کو ئی شخص خداوند کا احترام کرتا ہے تب وہ بُرا ئی سے نفرت کرے گا۔ میں غرور ، خود پسندی ،بد چلن اور کج گو ئی سے نفرت کرتی ہوں۔"

4. ہم لوگوں کو خدا کے غضب سے بچنے کی تلقین کریں گے

یوحنا غسل پاک دینے والے نے لوگوں پر زور دیا کہ وہ اپنے گناہوں سے توبہ کرکے خدا کے غضب سے بچ جائیں (متی باب 3، آیت 7)۔ یسوع نے جہنم کے بارے میں کسی اور سے زیادہ بات کی اور ہمیں اس کی طرف رجوع کرکے خدا سے ڈرنے کے لیے بلایا (متی باب 10، آیت 28)۔ پولس نے لوگوں کو خبردار کیا کہ وہ مسیح کی طرف رجوع کریں کیونکہ وہ خُدا کے غضب کو سمجھتا تھا (2 کرنتھیوں باب 5، آیت 11)۔

جہنم کے بارے میں تبلیغ کرنا کوئی پیارا عمل نہیں ہے۔ اس کے برعکس، یہ ایک بہت ہی پیاری چیز

ہے—چاہے دنیا کچھ بھی کہے! اگر ہم کسی سے محبت کرتے ہیں، تو ہم اُنہیں اُس دائمی خطرے کے بارے میں کیسے نہیں بتا سکتے جو اُن کا انتظار کر رہا ہے اگر وہ مسیح کے بغیر زندہ رہیں؟ چابی نا صرف خُدا کے غضب کی تبلیغ کرنا ہے بلکہ اُس معافی کا اعلان کرنا بھی ہے جو وہ صلیب پر مسیح کی قربانی کے ذریعے پیش کرتا ہے (زبور باب 130، آیت 3؛ رومیوں باب 3، آیات 25 تا 26)۔

غیر مسیحی کے لیے دو مضمرات

1. خدا کا ماضی/حال کا غضب مستقبل کے غضب کی ضمانت دیتا ہے

ماضی میں۔ آدم اور حوا کا باغ عدن سے اخراج (پیدائش 3)، اس زمین پر ہر چیز کی تباہی، سوائے ان کے جو نوح کی کشتی میں آفاقی سیلاب کے ذریعے (پیدائش باب 7، آیت 23)، سدوم اور عمورہ کی تباہی (پیدائش 19)، اور 70 عیسوی میں روم کے ذریعے یروشلم کی تباہی ان لوگوں کے خلاف خدا کے غضب کی تاریخی طور پر ثابت شدہ چند مثالیں ہیں جنہوں نے اسے رد کیا۔

خدا کی صفات

حال میں۔ یوحنا باب 3، آیت 36ب کہتی ہے، ''جو شخص بیٹے کی اطا عت نہ کرے اسکی ابدی زندگی نہیں اور خدا کا غضب ایسے انسان پر ہو تا ہے۔'' وہ لوگ جو یسوع سے دور ہیں فی الحال خدا کے غضب میں ہیں۔ رومیوں، باب1، آیت18کہتی ہے، ''خدا کا غضب آسما ن سے لوگوں کے برے کاموں اور بدکاریوں کے خلاف نازل ہو تا ہے۔ ان لوگوں کے پاس سچا ئی ہے لیکن اپنی بد کاری کی زندگی سے سچا ئی کو چھپا ئے رکھتے ہیں۔'' موجودہ وقت میں، یہ غضب خُدا کے ذریعے ظاہر ہوتا ہے جو گنہگاروں کو اُن کے اپنے راستوں پر چھوڑ دیتا ہے تاکہ وہ بدی پر قائم رہتے ہوئے نتائج بھگت سکیں (رومیوں باب 1، آیات 24 تا 32)۔

مستقبل میں۔ ہم 2 تھیسلنیکیوں باب 1، آیات 7ب تا 9 میں پڑھتے ہیں، "خدا یہ سلامتی اس وقت دے گا جب خداوند یسوع آسمان سے اپنے طاقتور فرشتوں کے ساتھ ظا ہر ہوگا۔ جب یسوع آسمان سے دہکتے ہو ئے شعلوں کے ساتھ ظاہر ہوں تو ان لوگوں کو بھی جو خدا کو نہیں جانتے اور ان کو بھی جو ہمارے خدا وند یسوع کی انجیل کی اطا عت نہیں کرتے سزا دے گا۔ انہیں ہمیشہ تباہی کی سزا دی جائے گی اور انہیں خداوند کے ساتھ رہنے کا موقع نہیں ملے گا اور انہیں

اس کی شاندار طاقت کے سامنے سے ایک طرف دھکیل دیا جائے گا۔" مکاشفہ 6 تا 20 خدا کے مستقبل اور آخری غضب کو زیادہ تفصیل سے بیان کرتا ہے جو ان لوگوں پر نازل ہونا ہے جو خداوند یسوع مسیح کی خوشخبری کو ماننے سے انکار کرتے ہیں۔

بائبل سکھاتی ہے کہ خدا جھوٹ نہیں بول سکتا (طِطس باب 1، آیت 2)۔ چونکہ اُس نے اُن تمام لوگوں کا فیصلہ کرنے کا وعدہ کیا ہے جو مسیح کو مسترد کرتے ہیں، وہ اپنے کلام کو برقرار رکھے گا۔ صرف اس لیے کہ خُدا برائی کے ہر عمل کا فوراً فیصلہ نہیں کر رہا ہے، اس لیے کسی کو یہ سوچ کر دھوکہ نہیں دینا چاہیے کہ وہ کبھی گناہ کا فیصلہ نہیں کرے گا (واعظ باب 8، آیات 11 تا 14)۔

ایک بے دین کسان کی کہانی ہے جو خدا پرست کسانوں کی جماعت میں رہتا تھا۔ جب پرہیزگار کسان ہر اتوار کی صبح کسی ملک کے عبادت گاہ میں ملتے تھے، تو یہ شخص اپنا ٹریکٹر چلا کر خلل پیدا کرتا تھا۔ اس نے یہ کام کئی مہینوں تک کیا۔ آخر کار، جب اکتوبر میں فصل کی کٹائی کا وقت آیا، تو اس کی زمین کی فی ایکڑ پیداوار اس کمیونٹی میں سب سے زیادہ تھی۔ فخر کے ساتھ، اس نے مقامی اخبار کو لکھا کہ جب اس نے خدا اور اس کے لوگوں کے خلاف ایسا

کیا تو عیسائی اس کی کامیابی کی وضاحت کیسے کر سکتے ہیں۔

پادری نے ایک جملے کے ساتھ جواب دیا: "*خدا اکتوبر میں اپنے تمام حسابات طے نہیں کرتا ہے۔*"

پیارے دوست، اگر آپ عیسائی نہیں ہیں، تو یہ مت سوچیں کہ خدا آپ سے خوش ہوگا کیونکہ آج سب ٹھیک ہے۔ اس کے صبر کو غلط نہ سمجھیں کیونکہ وہ آپ کے گناہ کے ساتھ ٹھیک ہے۔ اُس کی نیکی کا غلط استعمال نہیں کیا جانا ہے بلکہ آپ کو سچی توبہ اور اُس کے بیٹے پر ایمان کی طرف لے جانے کے لیے ڈیزائن کیا گیا ہے (رومیوں باب 2، آیات 4 تا 5)۔

2. خدا کا مستقبل غضب آپ کو یسوع کی طرف بھاگنے پر مجبور کرے گا

بائبل کہتی ہے، ''کسی گنہگار کا زندہ خدا کے ہاتھوں میں پڑ جانا ایک خطرناک بات ہے'' (عبرانیوں باب 10، آیت 31)۔ براہِ کرم جان لیں کہ آپ کے گناہوں نے آپ کو خدا کا دشمن بنا دیا ہے۔ نتیجے کے طور پر، اس کا غضب حال میں آپ پر ہے اور مستقبل میں آپ کا انتظار کر رہا ہے۔ رحم کے لیے پکارو۔ آپ کو ''آنے والے غضب سے بھاگنے'' کی خواہش کرنی

چاہیے (متی باب 3، آیت 7) اور صلیب کی طرف بھاگنا چاہیے جہاں یسوع مسیح نے خُدا کا غضب اپنے اوپر لے لیا تاکہ وہ آزادانہ طور پر آپ کے گناہوں کو معاف کر سکے۔ آپ کو تمام خود اعتمادی کو دور کرنے اور عاجزی سے پکارنے کی ضرورت ہے، "اے میرے خدا میرے حال پر رحم فرما ا س لئے کہ میں گنہگار ہوں" (لوقا باب 18، آیت 13)۔ یہی واحد راستہ ہے جس سے آپ کو آنے والے غضب سے نجات مل سکتی ہے۔

پیارے دوست، خدا کی نیکی اور صبر جیسی میٹھی چیز کوئی نہیں۔ تاہم، اس کے آنے والے غضب سے زیادہ خوفناک کوئی چیز نہیں ہے۔ وہی پانی جو آپ کی پیاس بجھا سکتا ہے سیلاب کی صورت میں آپ کا خوفناک دشمن بھی ہو سکتا ہے۔ وہی آگ جو آپ کا کھانا پکا سکتی ہے جب آپ کو جلا دیتی ہے تو وہ آپ کی خوفناک دشمن بھی ہو سکتی ہے۔ اسی طرح، وہی خدا جو آج آپ کے ساتھ صبر کرنے والا اور اچھا ہے وہ ایک دن آپ کے خلاف خوفناک انتقام لے گا۔ اس دن کوئی تمہیں اس کے ہاتھ سے چھڑا نہیں سکتا۔ رونے یا التجا کرنے کی کوئی مقدار آپ کو نہیں بچائے گی۔ یسوع کو دیکھیں، جو گناہوں کے لیے صلیب پر مر گیا اور یہ ثابت کرنے کے لیے زندہ کیا گیا کہ اس

کی قربانی گناہوں کی مکمل ادائیگی کے طور پر قبول کی گئی تھی۔ یسوع مسیح کے ذریعے، مکمل معافی ہے۔

لہٰذا، سچی توبہ اور ایمان کے ساتھ اس کی طرف رجوع کریں—ابھی جبکہ ابھی بھی وقت ہے! وہ آپ کو قبول کرے گا چاہے آپ کتنے ہی برے کیوں نہ ہوں اور آپ کو ایک نئی شروعات دیں گے! اپنے گناہوں میں نہ مرو۔ براہِ کرم یسوع مسیح کے ذریعے ہمیشہ زندگی کا خُدا کا مفت تحفہ حاصل کریں (رومیوں باب 6، آیت 23)!

بحث کے سوالات ------------------------------

1. اس باب نے خدا کا غضب کے بارے میں آپ کے نظریہ کو کیسے متاثر کیا ہے؟

2. خدا کی اس صفت کی روشنی میں آپ زندگی میں کیا تبدیلیاں لا سکتے ہیں؟

3. خدا کی یہ صفت آپ کی دعاؤں پر کیسے اثر انداز ہوتی ہے؟

4. خدا کی یہ صفت آپ کی بشارت پر کیسے اثر انداز ہوتی ہے؟

مراقبہ / حفظ کے لئے صحیفہ کی آیت ‐‐‐‐‐‐‐‐

زبور باب 7، آیت 11 – خدا راستباز مُنصف ہے۔ وہ ہمیشہ بُرائی کی مُذمت کرتا ہے۔

‐‐‐‐‐‐‐‐‐‐‐‐‐‐‐‐‐‐‐‐‐‐‐‐‐‐‐‐‐‐‐‐‐‐‐‐‐‐‐ دعا

باپ، اکثر میں یہ بھول جاتا ہوں کہ اگرچہ آپ میرے آسمانی باپ ہیں، آپ غضب کے خدا بھی ہیں۔ آپ گناہ سے نفرت کرتے ہیں اور اس کا فیصلہ کریں گے۔ میں شکر گزار ہوں کہ خُداوند یسوع نے وہ تمام غضب جذب کر لیا جس کا میں حقدار تھا۔ براہِ کرم مجھے خوف اور کپکپاہٹ کے ساتھ چلنے کی اجازت دیں جو مجھے گناہ کو ہلکا سمجھنے سے بچائے گا۔ تیرا غضب ان تمام لوگوں کے خلاف ہو جو تیرے خلاف بغاوت کرتے ہیں مجھے اپنے اردگرد کھوئے ہوئے لوگوں کے ساتھ یسوع کے پاس بھاگنے کی التجا کرنے کا باعث بنتا ہے، جو اکیلا ہی ہمیں تیرے آنے والے فیصلے سے بچا سکتا ہے۔ مجھے لوگوں کے سامنے خوشخبری پیش کرتے وقت اپنے غضب کے بارے

میں بات کرنے سے ہچکچانے سے بچائیں، لیکن محبت سے اور بڑی سنجیدگی کے ساتھ اس کی تبلیغ کرنے سے۔ آمین!

صفت 9

خدا کی وفاداری

خدا کی وفاداری کا مطلب ہے کہ وہ اپنے تمام وعدوں کو پورا کرنے پر بھروسہ کیا جا سکتا ہے۔

سلیمان نے امثال باب 20، آیت 6 میں لکھا، "کئی لوگ اپنے باپ کی وفاداری اور محبت کا ڈھول پیٹتے ہیں۔لیکن صحیح بھروسہ مند کو کون پا سکتا ہے؟" ہم ایک ایسی دنیا میں رہتے ہیں جو اس کہاوت کی سچائی کو ثابت کرتی ہے۔ دوستیاں، شادیاں اور کاروباری معاملات انسان کی بے وفائی کی وجہ سے ٹوٹ جاتے ہیں۔ شاید آپ نے بھی دھوکہ دہی کے گہرے درد کو محسوس کیا ہو — انہی افراد سے جنہوں نے آخر تک وفادار رہنے کا وعدہ کیا تھا۔

ایسی حقیقتوں کے اندھیرے میں، خدا کی یہ صفت ۔ اس کی وفاداری ۔ تکلیف دینے والی روح کو بہت سکون دیتی ہے۔ بائبل استثناء باب 7، آیت 9 میں بہت پہلے سے خدا کی وفاداری کا اعلان کرتی ہے، "اس لئے یاد رکھو خداوند تمہا را خدا ہی صرف خدا ہے۔

اور ایک وہی ہے جس پر تم بھروسہ کر سکو! وہ اپنے معاہدہ کا وفادار اُن تمام لوگوں سے محبت کرتا ہے اور ان پر رحم کرتا ہے جو اس سے محبت کرتے ہیں اور اس کے احکاما ت کی تعمیل کرتے ہیں۔ وہ ہزا ر نسلوں تک محبت اور رحم کرتا رہتا ہے۔" ہم بعد میں استثناء باب 32، آیت 4 میں پڑھتے ہیں، "وہ (خداوند) ہماری چٹان ہے اس کے تمام کام کا مل ہیں۔ کیوں کہ اس کے تمام راستے سچ ہیں! وہ بُرائی نہیں کرتاہے۔ خدا اچھا اور وفادار ہے۔"

گرے ہوئے انسانوں کے برعکس جن کی وفاداری اکثر ڈگمگاتی ہے، خُدا کبھی بھی اپنی وفاداری میں ڈگمگاتا نہیں۔ موسیٰ نے ہمیں گنتی باب 23، آیت 19 میں یاد دلایا، "خدا انسان نہیں ہے۔ وہ جھوٹ نہیں کہے گا۔ خدا انسان کا بیٹا نہیں اگر خدا وند کہتا ہے کہ وہ کچھ کرے گا تو ضرور کریگا۔ اگر خدا وند وعدہ کرتا ہے اے تو اپنے وعدے کو ضرور پورا کرے گ۔ا" زبور نویس ایتان از راخی نے زبور باب 89، آیت 8 میں لکھا، "اے خداوند قادر مطلق! کون تیرے جیسا ہے؟ تیرے جیسا کو ئی نہیں ہے۔ ہم تجھ پر مکمل طور پر بھروسہ کر سکتے ہیں ۔" پولس نے ہمیں ططس، باب1، آیت2 میں یاد دلایا کہ ''خدا جھو ٹ نہیں کہتا''۔ عبرانیوں کے مصنف نے کہا، ''خدا کے لئے ممکن نہیں کہ وہ کچھ

کہتے وقت جھوٹ بولے'' (عبرانیوں باب 6، آیت 18)۔ اجور نے ہمیں یاد دلایا کہ ''خدا کی ہر بات جسے وہ کہتا ہے کامل ہے'' (امثال باب 30، آیت 5)۔ یہ تمام آیات ہمیں سکھاتی ہیں کہ اپنے وعدوں کو پورا کرنے کے لیے خدا پر مکمل بھروسہ کیا جا سکتا ہے۔ وہ ان لوگوں کے ساتھ کبھی بھی بے وفائی نہیں کرے گا جو اس پر پورے دل سے بھروسہ کرتے ہیں (زبور باب 34، آیت 22)۔

وین گروڈیم نے درست کہا: ''سچے ایمان کا جوہر یہ ہے کہ خدا کو اس کے کلام پر لے جایا جائے اور اس پر بھروسا کیا جائے جو اس نے وعدہ کیا ہے۔'' اور چونکہ خُدا اپنے تمام وعدوں کو پورا کرنے کے لیے وفادار ہے، اِس لیے مومن پورے اعتماد کے ساتھ کہہ سکتا ہے کہ خُداوند کی عظیم محبت کی وجہ سے، ہم فنا نہیں ہوتے، کیونکہ اُس کی شفقتیں کبھی ختم نہیں ہوتیں۔ وہ ہر صبح نئے ہوتے ہیں۔ اس کی وفاداری بڑی ہے۔ اور ہم اپنے آپ سے یہ بھی کہہ سکتے ہیں، ''خدا وند میرا خدا ہے۔ اور اس لئے میں اس پر بھروسہ رکھتا ہوں'' (نوحہ باب 3، آیات 22 تا 24)۔

بائبل خدا کی وفاداری کی مثالوں سے بھری ہوئی ہے کہ وہ اپنے وعدوں کو پورا کرتا ہے۔ آئیے چند مثالیں دیکھتے ہیں۔

خدا کی صفات

1. خُدا نے نوح سے وعدہ کیا، جیسا کہ پیدائش باب 8، آیت 22 میں درج ہے، "زمین جب تک رہے گی تخم ریزی اور فصل کاٹنے کا زمانہ ہو گا ،سردی،گر می،موسمِ گرما اور موسمِ سرما، رات اوردن تو ہمیشہ ہی ہو تے رہیں گے ۔'' سال بہ سال، ہم اسے پورا ہوتے دیکھتے ہیں۔

2. پیدائش باب 13، آیات 13 تا 16 میں، خدا نے ابراہیم سے چار سو سالہ غلامی کی پیشین گوئی کی تھی کہ یہودی اس کی نجات کے وعدے کے ساتھ گزریں گے۔ خروج باب 14، آیت 41 اس نجات کی تکمیل کو درج کرتا ہے: "چار سو تیس سال بعد با لکل اُسی دن خداوند کی ساری فوج مصر سے نکل گئی۔"

3. یسعیاہ باب 7، آیت 14 میں، ہمیں یسوع مسیح کی کنواری پیدائش کے بارے میں پیشینگوئی دی گئی ہے، "لیکن میرا مالک خدا تمہیں ایک نشان دکھا ئے گا: دیکھو! ایک پاک دامن کنواری حاملہ ہوگی اور وہ ایک بیٹے کو جنم دیگی۔ وہ اپنے بیٹے کا نام عمانوایل رکھے گی۔" متی باب 1، آیات 22 تا 25 اس پیشگوئی کی تکمیل کو ریکارڈ کرتا ہے۔

صفت 9: خدا کی وفاداری

مذکورہ بالا تینوں کے علاوہ مزید مثالیں پیش کی جا سکتی ہیں۔ لیکن بات واضح ہے جیسا کہ عبرانیوں باب 10، آیت 23 میں کہا گیا ہے، ''کیوں کہ خدا نے وعدہ کیا ہے وہ قابل اعتبارہے۔'' اور اس باب کا بقیہ حصہ خدا کی وفاداری کے دو پہلوؤں پر توجہ مرکوز کرے گا:

1. اس کے بچوں کی زندگیوں میں۔
2. اس کے دشمنوں کی زندگیوں میں۔

1. خدا کی وفاداری: اس کے بچوں کی زندگیوں میں۔

ان کے تحفظ میں۔ ہمیں 1 کرنتھیوں باب 1، آیات 8 تا 9 میں بتایا گیا ہے، "وہ تم کو آخر تک قائم رکھے گا تا کہ ہمارے خداوند یسوع کے دن الزام سے پاک رہو۔ خدا بھروسہ مند ہے جس نے تمہیں ہمارے خداوند یسوع مسیح میں شرکت کے لئے بلا یا ہے۔" حتمی معنی میں، ہماری نجات کا تحفظ خدا کی وفاداری پر مبنی ہے۔ " یسوع نے ہماری نجات کی حفاظت کے بارے میں یہ قیمتی الفاظ کہے، "میری بھیڑیں میری آواز پہچانتی ہیں میں انہیں جانتا ہو ں اور وہ میرے

ساتھ چلتی ہیں۔ میں اپنی بھیڑوں کو ہمیشہ کی زندگی بخشتا ہوں اور وہ کبھی بھی ہلاک نہیں ہونگی اور کوئی بھی انہیں مجھ سے نہیں چھین سکتا" (یوحنا باب 10، آیات 27 تا 28)۔ اس کے علاوہ، یسوع نے اپنی اعلیٰ کاہن کی دعا میں ہمارے تحفظ کے لیے بھی دعا کی: "مقدس باپ انہیں محفوظ رکھ اپنے نام کے وسیلہ سے جو تو نے مجھے بخشا ہے تا کہ وہ متفق ہوں جیسا کہ ہم متفق ہیں" (یوحنا باب 17، آیت 11)۔

ان کے نظم وضبط کرنے میں۔ نہ صرف خُدا کی وفاداری ہمیں محفوظ رکھنے میں ظاہر ہوتی ہے، بلکہ اُس میں ہمیں نظم کرنے میں بھی ظاہر ہوتا ہے۔ عبرانیوں باب 12، آیات 4 تا 11 ایک حوالہ ہے جو ہمیں برداشت کرنے کی ترغیب دیتا ہے جب ہم خدا کے نظم وضبط کے عمل سے گزرتے ہیں۔ مصنف کہتا ہے کہ خُدا کی طرف سے نظم وضبط (یا تربیت یافتہ) ہونا اس بات کا مثبت ثبوت ہے کہ ہم اُس کے سچے بچے ہیں، اور ایک وفادار خُدا ایسا کرتا ہے تاکہ ہم اُس کے بیٹے کے مشابہ ہوں۔ یہاں اس حوالے کے کچھ حصے ہیں جو اس حقیقت کو اجاگر کرتے ہیں:

عبرانیوں باب 12،آیات 7 تا 8 اور 10ب تا 11 ۔تم سزاؤں کو برداشت کرو جس سے

ثابت ہوگا کہ خدا تم سے بیٹے کا سلوک کر رہا ہے خدا اسی طرح لوگوں کو سزا دیتا ہے جیسے کوئی باپ اپنے بیٹے کو سزا دیتا ہے۔ ہر بیٹا اپنے باپ سے سزا پاتا ہے۔ اگر تمہیں سزا نہیں ملی جو ہر بیٹے کو ملتی ہے اس کا مطلب ہے کہ تم اسکے ناجائز بیٹے ہو اسکے حقیقی بیٹے نہیں ہو...خدا نے سزا دیکر ہماری مدد کی تا کہ ہم مقدس ہو جائیں۔ جب ہمیں سزا دی گئی تو ہم لوگوں نے خوشی نہیں منائی بلکہ سزا پا نا تو درد سے بھرا ہوا تھا۔ لیکن سزا پا نے کے بعد ہم لوگوں نے سزا سے سبق سیکھا۔ ہم لوگ امن و امان میں ہیں کیوں کہ ہم لوگوں نے سیدھی زندگی گزارنی شروع کردی ہے۔

کوئی تعجب کی بات نہیں کہ زبور نویس نے نظم و ضبط کے وقت یہ الفاظ کہے، ''اے خداوند! میں یہ جانتا ہوں کہ تیرے فیصلے بہتر ہو تے ہیں۔ یہ میرے لئے صحیح تھا کہ تو مجھ کو سزا دے'' (زبور باب 119، آیت 75)۔ ایک وفادار خُدا ہمیں زیادہ مقدس بنانے کے لیے وہ کرتا ہے جو ضروری ہوتا ہے، چاہے یہ تکلیف دہ ہو۔

ان کی تسبیح میں۔ نہ صرف خُدا کی وفاداری ہماری حفاظت اور نظم و ضبط میں ظاہر ہوتی ہے، بلکہ اُس کی وفاداری ہماری حتمی تسبیح میں بھی ظاہر ہوتی ہے، جہاں ہمیں یسوع جیسا بنایا جائے گا۔ ہم سے رومیوں باب 8، آیت 30 میں وعدہ کیا گیا ہے، "اور جن کو اس نے پہلے سے مقرر کیا ان کو بلا یا بھی اور جن کو بلا یا ان کو راستباز ٹھہرایا اور جن کو راستباز ٹھہرایا ان کو جلال بھی بخشا۔" دھیان دیں کہ جملہ "ان کو جلال بھی بخشا" ماضی کے زمانہ میں ظاہر ہوتا ہے حالانکہ یہ ہونا باقی ہے۔ کیا بات ہے، آپ پوچھ سکتے ہیں؟ سادہ۔ خدا کی نظر میں، ہماری تسبیح ایک مکمل سودا ہے۔ اس لیے یہ ماضی کے دور میں ہے۔ یہ ہے کہ ہم اپنے وعدوں کو پورا کرنے کے لیے ایک وفادار خُدا پر کتنا بھروسہ کر سکتے ہیں۔ اس میں کوئی تعجب کی بات نہیں کہ پولس نے فلپیوں باب 1، آیت 6 میں لکھا ہے کہ وہ ''خدا نے تمہارے بیچ نیک سلوک شروع کیا اور وہ اس کام کو اس وقت مکمل کریگا جب کہ یسوع مسیح پھر آکر اسے پو را کریں گے اور مجھے اسکا یقین ہے۔''

تسبیح کے ہمارے تمام وعدے خُدا کی وفاداری پر مبنی ہیں جیسا کہ 1 تھیسالونیکیوں باب 5، آیات 23 تا 24 میں بیان کیا گیا ہے، "ہما ری دعا ہے کہ خدا جو کہ

سلامتی کا ذریعہ ہے وہ پورے طریقے سے تم کو پاک کردے۔ اور ہماری دعا ہے کہ تمہاری پوری ہستی، روح، جسم اور جان محفوظ اور بے عیب رہے جب ہمارا خداوند یسوع مسیح آئے۔ وہ جس نے تمہیں بلایا ہے وہی تمہاری چیزیں پورا کرے گا کیوں کہ وہ وفادار ہے۔" پولس کی تمجید کرنے کے لیے خُدا کی وفاداری نے اُس کو یہ کہنے پر مجبور کیا، یہاں تک کہ اُس کے عظیم دُکھوں کے درمیان، یہ پُراعتماد الفاظ، " کیوں کہ خوش خبری کہنے سے میں ان باتوں کے لئے دکھ اٹھا رہا ہوں لیکن میں شرمسار نہیں ہوں میں اس کو جانتا ہوں جس میں میں نے ایمان لایا میرا ایمان ہے کہ وہ ان چیزوں کو جس دن تک کے لئے مجھے سونپا ہے ان کی حفاظت کرے گا" (2 تیمتھیس باب 1، آیت 12)۔

لہٰذا، ان تین شعبوں کی روشنی میں — تحفظ، نظم وضبط، اور آخر میں ہمیں جلال دینا — ہم دیکھتے ہیں کہ خُدا کی وفاداری ہمارے، اُس کے بچوں کے، لیے ظاہر ہوتی ہے۔ ان سچائیوں کو ہمیں تاریک لمحوں میں بھی خدا پر بھروسہ کرنے کا باعث بننا چاہئے اور کبھی بھی بڑبڑانا یا ہار ماننا نہیں چاہئے۔ ہمیں ایمان پر ثابت قدم رہنا ہے اور پریشانیوں سے آزاد رہنا ہے۔ عبرانیوں 11 میں بیان کردہ ایمان کے وفادار مردوں

خدا کی صفات

اور عورتوں نے یہی کیا۔ اور وہ مایوس نہیں ہوئے۔ ہم آخر میں بھی مایوس نہیں ہوں گے کیونکہ خُدا ہم سے اپنے **تمام** وعدوں کو پورا کرنے کے لیے وفادار ہے۔

ہمیں گناہ سے لڑتے ہوئے اور سخت آزمائشوں سے گزرتے ہوئے بھی ہار ماننے کی ضرورت نہیں ہے۔ ہمیں 1 کرنتھیوں باب 10، آیت 13 میں بتایا گیا ہے، ''تم کسی اسی آز مائش میں نہیں پڑے جو انسان کی بر داشت سے باہر ہو لیکن خدا بھروسہ مند ہے۔ وہ تم کو تمہاری طاقت سے زیادہ آزمائش میں پڑنے نہ دیگا۔ جب وہ آزمائش آئے گی تب وہ راہ بھی پیدا کرے گا تا کہ تم بر داشت کر سکو۔'' جب پولُس نے کہا کہ خُدا ''وہ راہ بھی پیدا کرے گا'' تو اُس کا یہ مطلب نہیں تھا کہ ہم آزمائشوں سے ضرور بچ جائیں گے۔ اس کے بجائے، اس کا مطلب تھا کہ ہم اس وفادار خُدا پر بھروسہ کر سکتے ہیں کہ وہ ہمیں آزمائشوں کو برداشت کرنے کی طاقت دے — چاہے یہ غالب ہی کیوں نہ ہو — اور جب تک ہم اُس پر بھروسہ کرتے رہیں آزمائش کا شکار نہیں ہوتے۔ کبھی کبھی، یہاں تک کہ اگر اس کا مطلب موت ہی نتیجہ ہے، خُدا ہمیں مضبوط کرنے کے لیے اب بھی وفادار ہے تاکہ ہم اُس کو آخر تک انکار نہ کریں!

صفت 9: خدا کی وفاداری

آئیے یہ نہ بھولیں کہ یہ وفادار خُدا نے ہم سے وعدہ کیا ہے: "میں تمہیں کسی وقت بھی نہیں چھو ڑوں گا: کبھی تم سے دور نہیں ہوں گا'' (عبرانیوں باب 13، آیت 5)۔ یسوع نے آخری دم تک ہمارے ساتھ رہنے کا وعدہ کیا ہے، ''اور کہا، میں رہتی دنیا تک تمہارے ساتھ ہی رہونگا'' (متی باب 28، آیت 20)۔ بھروسہ خدا کو اس کے کلام پر لے جانا اور اس پر بھروسہ کرنا ہے جو اس نے وعدہ کیا ہے کیونکہ وہ ایک وفادار خدا ہے جو اپنے تمام وعدوں کو پورا کرے گا — یہاں تک کہ جب حالات تاریک نظر آئیں۔ پرانے عہد نامے کے نبی حبقوق نے بھی ایسا ہی کیا اور اس کے نتیجے میں، اپنے دل میں خوشی کا تجربہ کیا: "اگر چہ انجیر کا درخت نہ پھو لے اور تاک میں پھل نہ لگے اور زیتون کا حاصل ضائع ہو جا ئے اور کھیتوں میں کچھ پیدا وار نہ ہو اور بھیڑ خانہ سے بھیڑیں جا تی رہیں اور طویلوں میں مویشی نہ ہوں۔ لیکن پھر بھی میں خدا وند سے خوش رہوں گا۔ میں اپنے نجات دہندہ خدا سے خوش ہوں گا'' (حبقوق باب 3، آیات 17 تا 18)۔

پیارے عیسائی، کیا آپ مشکل وقت سے گزر رہے ہیں؟ کیا آپ کو صرف ایک اور دن گزرنا بہت مشکل لگتا ہے؟ ہمت نہ ہاریں۔ یہاں تک کہ اگر چیزیں ناامید لگتی ہوں، حبقوق کی طرح، اس وفادار خدا پر بھروسہ

کریں۔ وہ آپ کو آخر تک لے جائے گا۔ ہمت ہارے بغیر ایمان کے ساتھ جاری رکھیں! اس نے یسعیاہ باب 46، آیت 4 میں وعدہ کیا ہے، "میں تمہیں تب سے اٹھا ئے ہوئے ہوں جب سے تمہارا جنم ہوا ہے اور میں تمہاری تب بھی مدد کیا کروں گا جب تم بوڑھے ہو جاؤ گے، تمہارے بال سفید ہو جائیں گے۔ کیوں کہ میں نے تمہاری تخلیق کی ہے۔ میں ہی تمہیں لے چلوں گا اور رہائی دوں گا۔"

2. خدا کی وفاداری: اس کے دشمنوں کی زندگی میں

جس طرح خُدا اپنے بچوں سے اپنے وعدوں کو نبھانے کے لیے وفادار ہے، وہ اُسی طرح وفادار ہے کہ وہ اپنے وعدوں کو پورا کرنے کے لیے اُن لوگوں کا فیصلہ کرے گا جو اُسے رد کرتے ہیں اور یوں اُس کے دشمن رہتے ہیں۔ دوسرے لفظوں میں، وہ وفادار ہے، نجات دہندہ اور جج دونوں کے طور پر۔ خُدا کے ماضی کے فیصلے، بلا شبہ، اُس کے خلاف بغاوت کرنے والوں کا فیصلہ کرنے میں اُس کی وفاداری کو ثابت کرتے ہیں۔ اس نے دنیا کا فیصلہ کیا جس نے نوح کے زمانے میں توبہ نہیں کی اس عالمی سیلاب کے ذریعے جس نے ان سب کو تباہ کر دیا (پیدائش 6 تا

8)۔ نوح اور اُس کے خاندان کے علاوہ کوئی بھی شخص زندہ نہیں بچا، صرف وہی لوگ ہیں جنہوں نے خدا کی نظر میں فضل پایا۔ اور خُدا نے، اسی طرح، بیابان کے سفر کے دوران کافروں کا بھی فیصلہ کیا کیونکہ وہ اُس پر بھروسہ کرنے میں ناکام رہے کہ وہ اُنہیں وعدہ شدہ ملک تک لے آئیں (گنتی باب 14، آیات 26 تا 34؛ عبرانیوں باب 3، آیات 15 تا 19)۔ چونکہ خُدا نے ماضی میں اپنے فیصلے کے کلام کو برقرار رکھنے میں اپنی وفاداری کا مظاہرہ کیا، اس لیے ہم یقین کر سکتے ہیں کہ وہ مستقبل میں بھی ایسا ہی کرنے کے لیے وفادار رہے گا!

خدا نے ان تمام لوگوں کے لیے جو اپنے گناہوں سے باز آنے اور یسوع مسیح پر بھروسہ کرنے میں ناکام رہتے ہیں، آگ یا جہنم کی جھیل میں آگ کے مستقبل کے فیصلے کا وعدہ کیا ہے۔ مکاشفہ باب 20، آیت 15 کہتی ہے، ”اور اگر کسی شخص کا نام کتابِ حیات میں لکھا ہوا نہ ملا تب اس کو آ گ کی جھیل میں پھینک دیا جا ئے گا۔“ اور یہ تب ہوگا "جب خداوند یسوع آسمان سے اپنے طاقتور فرشتوں کے ساتھ ظا ہر ہوگا۔ جب یسوع آسمان سے دہکتے ہو ئے شعلوں کے ساتھ ظاہرہوں تو ان لوگوں کو بھی جو خدا کو نہیں جانتے اور ان کو بھی جو ہمارے خدا وند یسوع

کی انجیل کی اطاعت نہیں کرتے سزا دے گا۔ انہیں ہمیشہ تباہی کی سزا دی جائے گی اور انہیں خداوند کے ساتھ رہنے کا موقع نہیں ملے گا اور انہیں اس کی شاندار طاقت کے سامنے سے ایک طرف دھکیل دیا جائے گا'' (2 تھیسالونیکیوں باب 1، آیات 7ب تا 9)۔

اپنے فیصلے کے وعدوں کو پورا کرنے میں خدا کی وفاداری کی روشنی میں، اگر آپ اس کے بچے نہیں ہیں اور اس طرح اس کے دشمن ہیں تو آپ کا ردعمل کیا ہونا چاہئے؟

سب سے پہلے، خُدا سے اپنی آنکھیں کھولنے کے لیے پوچھیں کہ آپ نے اُس کے، اپنے خالق کے، خلاف گناہ کیا ہے۔ پھر اس کے سامنے تسلیم کریں کہ آپ نے گناہ کیا ہے اور آپ سزا کے قصوروار ہیں۔ کوئی بہانہ نہ بنائیں۔ صرف ایک واضح اعتراف، "میں نے آپ کے خلاف گناہ کیا ہے۔ میں قصوروار ہوں، رب۔" اسے بتائیں کہ آپ اپنے گناہوں کے لیے نادم ہیں اور گناہ بھرے طرز زندگی سے رجوع کرنا چاہتے ہیں۔ اسی کو بائبل "توبہ" کہتی ہے۔ لیکن یہ کافی نہیں ہے۔ آخر میں، ایمان کے ذریعے، آپ کو یسوع مسیح کے ذریعے خُدا کی پیش کردہ معافی کو قبول کرنے کی ضرورت ہے، یہ یقین رکھتے ہوئے کہ یسوع نے ایک کامل زندگی گزار کر، صلیب پر مر کر، اور دوبارہ

جی اُٹھ کر گناہوں کی پوری قیمت ادا کی۔ اس طرح آپ اپنے گناہوں اور خدا کے غضب سے بچ سکتے ہیں۔ اور اسی طرح آپ اس کے بچے بن جاتے ہیں (یوحنا باب 1، آیت 12)۔

بائبل وعدہ کرتی ہے کہ ''ہر وہ شخص جو خداوند کا نام پکار تا ہے نجات پا ئیگا'' (رومیوں باب 10، آیت 13) ۔ اسے پکارو۔ یسوع کو اپنے رب اور نجات دہندہ کے طور پر گلے لگائیں۔ اپنی توبہ اور ایمان کی پیروی کریں عوامی طور پر غسل پاک کے پانیوں میں ڈوب کر گواہی دے کر(اعمال باب 8، آیات 36 تا 38)۔ غسل پاک خدا کا بچہ بننے کے بعد فرمانبرداری کا پہلا قدم ہے (اعمال باب 2، آیت 41)۔

یسوع اپنے گناہوں اور جرموں کے بوجھ تلے دبے ہوئے تمام لوگوں کو اپنے پاس آنے کی دعوت دیتا ہے: ''اے محنت مشقت کر نے والو! اور وزنی بوجھ اٹھا نے والو تم سب میرے پاس آ جا ؤ۔ میں تمہیں آرام پہنچاؤں گا' (متی باب 11، آیت 28)۔ اور آنے والوں کے لیے، وہ یہ وعدہ کرتا ہے: جو کوئی میرے پاس آئے گا میں کبھی نہیں بھگاوں گا (یوحنا باب 6، آیت 37ب)۔ یسوع اپنے وعدوں کو پورا کرنے کے لیے وفادار ہے۔ اس پر بھروسہ کیا جا سکتا ہے۔ آئیں اور اس کی بخشش کا تجربہ کریں۔ کسی بھی چیز یا کسی

کو آپ کو مسیح کے پاس آنے سے روکنے نہ دیں۔
یسوع سے دور رہنے کی قیمت یسوع کے پاس آنے
کی قیمت سے کہیں زیادہ ہے۔ یہ ٹھیک ہے اگر آپ کو
سب کچھ چھوڑ دینا چاہیے — یہاں تک کہ اپنی زندگی
بھی — اگر یہ آپ کو یسوع کے ساتھ متحد کر دے۔
آخر میں، آپ یسوع کو پائیں گے — ایک حقیقی اور
پائیدار خزانہ جو آپ نے ترک کر دیا تھا اس سے کہیں
زیادہ لائق ہے۔

مہربانی کر کے سمجھو دوستو کہ یہ وفادار خدا بھی
معاف کرنے والا خدا ہے۔ اپنے گناہوں کو اُس کے
بیٹے یسوع کے خون سے دھو ڈالیں۔ میں آپ سے
سچے دل سے گزارش کرتا ہوں۔ یسوع کے پاس آئیں۔
اُس سے جج کے بجائے ایک نجات دہندہ کے طور پر
ملیں۔ آنے والے فیصلے سے بھاگو۔ اس سے کوئی فرق
نہیں پڑتا ہے کہ آپ نے کتنا ہی گناہ کیا ہے اور گڑبڑ
کی ہے، آپ یسوع میں حقیقی سکون اور آرام پا سکتے
ہیں۔ اور پھر، آپ کے یسوع کے پاس آنے کے بعد،
آپ بھی، خُدا کے دوسرے بچوں کے ساتھ، داؤد کی
طرح کہہ سکتے ہیں، ''اے خداوند! تیری سچّی محبت
آسمان سے بھی بلند ہے۔ اے خدا! تیری وفاداری بادلوں
سے بھی اونچی ہے'' (زبور باب 36، آیت 5)۔

صفت 9: خدا کی وفاداری

بحث کے سوالات---------------------------

1. اس باب نے خدا کی وفاداری کے بارے میں آپ کے نظریہ کو کیسے متاثر کیا ہے؟
2. خدا کی اس صفت کی روشنی میں آپ زندگی میں کیا تبدیلیاں لا سکتے ہیں؟
3. خدا کی یہ صفت آپ کی دعاؤں پر کیسے اثر انداز ہوتی ہے؟
4. خدا کی یہ صفت آپ کی بشارت پر کیسے اثر انداز ہوتی ہے؟

مراقبہ / حفظ کے لئے صحیفہ کی آیت---------

زبور باب 89، آیت 8 – *اے خداوند قادر مطلق! کون تیرے جیسا ہے؟ تیرے جیسا کوئی نہیں ہے۔ ہم تجھ پر مکمل طور پر بھروسہ کر سکتے ہیں۔*

دعا---

مہربان خُدا اور پیار کرنے والے باپ، ایک ایسی دنیا میں جہاں لوگ بےپرواہی اپنے وعدوں کو توڑ دیتے ہیں، میں آپ کی تعریف کرتا ہوں کہ آپ ایک خدا ہے جو اپنے تمام وعدوں کو پورا کرنے کے لیے وفادار ہے۔ یہاں تک کہ جب میں اندھیری وادی میں سے گزر رہا ہوں، مجھے تیری وفاداری کو یاد کرنے میں مدد کر۔ تم نے ہر حال میں میرے ساتھ رہنے کا وعدہ کیا ہے۔ ایمان سے، آپ کو آپ کے کلام پر لے جانے میں میری مدد کریں، یہاں تک کہ جب آپ کو غائب محسوس کرتا ہوں۔ میرے دل کو اس بات پر بھروسہ کرنے کے لیے مضبوط کر دے کہ جس نے مجھ میں اچھا کام شروع کیا ہے وہ ایک دن پورا کرے گا۔ اور میرے دل کو ترغیب دوں کہ دوسروں سے کیے گئے وعدوں کو پورا کرنے میں آپ کی نقل کروں۔ براہِ کرم وفاداری سے نشان زد ہونے میں میری مدد کریں۔ آمین!

صفت 10

خدا کی حاکمیت

خدا کی حاکمیت سے مراد زندگی کے تمام واقعات پر اس کا مکمل قابوہے، جو خود کو معلوم وجوہات سمیت وہ اعمال جو اس کی نازل کردہ مرضی کے خلاف ہوں جیسا کہ صحیفہ میں پایا جاتا ہے۔

مندرجہ ذیل کہانی اس بات کی ایک عمدہ مثال ہے کہ جب خدا کی حاکمیت کی بات آتی ہے تو ایک عیسائی کو کس طرح سوچنا چاہئے:

سنہ 1902 میں ایک نوجوان انگریز لڑکا ناشتہ کرنے کے لیے نیچے آیا اور اپنے والد کو اخبار پڑھتے ہوئے پایا جس میں برطانیہ میں 64 برسوں میں پہلی تاجپوشی کی تیاریوں کی خبر تھی۔ ناشتے کے بیچ میں باپ اپنی بیوی کی طرف متوجہ ہوا اور کہنے لگا، "اوہ، مجھے اس طرح کے لفظی دیکھ کر افسوس ہوا۔"

اس نے کہا، "یہ کیا ہے؟"

"کیوں،" اس نے جواب دیا، "یہاں ایک اعلان ہے کہ ایک خاص تاریخ کو پرنس ایڈورڈ کو ویسٹ منسٹر میں بادشاہ کا تاج پہنایا جائے گا، اور کوئی ڈیو والینٹ (خدا کی مرضی) نہیں ہے۔"

یہ الفاظ نوجوان لڑکے کے ذہن میں اسی وجہ سے چپک گئے کہ مقررہ تاریخ پر مستقبل کا ایڈورڈ VII ہفتم اپینڈیسائٹس سے بیمار تھا اور تاجپوشی ملتوی کرنی پڑی۔ اس وقت، ملکہ وکٹوریہ کے دور کے اختتام پر، برطانوی سلطنت کی سیاسی، اقتصادی اور فوجی طاقت اپنے عروج پر تھی۔

پھر بھی، اپنی تمام تر طاقت کے باوجود، برطانیہ مقررہ تاریخ پر اپنی منصوبہ بند تاجپوشی کو انجام نہیں دے سکا۔ کیا اعلان سے "خدا کی مرضی" کا چھوٹ جانا اور اس کے بعد تاجپوشی کا ملتوی ہونا محض ایک اتفاق تھا، دو واقعات کا ایک دوسرے سے کوئی تعلق نہیں تھا؟ یا کیا خُدا نے پرنس

صفت 10: خدا کی حاکمیت

ایڈورڈ کو یہ ظاہر کرنے کے لیے اپینڈیسائٹس کا سبب بنایا کہ خُدا "اختیار میں" تھا؟

ہم نہیں جانتے کہ یہ صورتحال کیوں پیش آئی۔ تاہم ایک چیز ہم جانتے ہیں: چاہے ہم اسے دیو رضاکار کے ساتھ تسلیم کریں یا نہ کریں، ہم خدا کی مرضی کے علاوہ کوئی منصوبہ نہیں بنا سکتے۔ بائبل اس حقیقت کے بارے میں کوئی شک نہیں چھوڑتی... خدا اختیار میں ہے۔ وہ خود مختار ہے۔ وہ وہی کرتا ہے جو اسے خوش کرتا ہے اور یہ طے کرتا ہے کہ آیا ہم وہ کر سکتے ہیں جو ہم نے منصوبہ بنایا ہے۔ یہ خدا کی حاکمیت کی بنیاد ہے؛ اپنی مرضی کے مطابق کام کرنے کی اس کی مکمل آزادی اور اپنی تمام تخلیقات کے اعمال پر اس کا مکمل اختیار۔ کوئی بھی مخلوق، شخص یا سلطنت اس کی مرضی کو ناکام نہیں کر سکتی یا اس کی مرضی کی حدود سے باہر کام کر سکتی ہے۔

آرتھر پنک نے درست کہا: "جب ہم کہتے ہیں کہ خدا حاکم ہے تو ہم کائنات پر حکومت کرنے کے اس کے حق کی تصدیق کرتے ہیں، جسے اس نے اپنی شان کے لیے بنایا ہے، جیسا کہ وہ چاہتا ہے۔ ہم اس بات

کی تصدیق کرتے ہیں کہ اس کا حق مٹی پر کمہار کا حق ہے... ہم اس بات کی تصدیق کرتے ہیں کہ وہ اپنی مرضی اور فطرت سے باہر کسی قاعدے یا قانون کے تحت نہیں ہے، یہ کہ خدا خود ایک قانون ہے، اور یہ کہ وہ کسی کو اپنے معاملات کا حساب دینے کا پابند نہیں ہے۔" جی ہاں، خدا حقیقتاً زندگی کے تمام واقعات پر مکمل اختیار رکھتا ہے، بشمول زندگی کی وجوہات جو صرف خود کو معلوم ہیں اور ان اعمال پر جو اس کی الہی نازل کردہ مرضی کے خلاف ہیں۔ اپنی عظیم حکمت میں، وہ اپنے اچھے مقاصد کی تکمیل کے لیے انسانوں اور شیطان کے برے اعمال کو بھی استعمال کرتا ہے۔

یہاں چند صحیفے ہیں جو ہمیں خدا کی حاکمیت کے بارے میں سکھاتے ہیں۔

پیدائش باب 50، آیت 20 – *تم میری بُرائی کرتے ہوئے مجھے نقصان پہنچانے کی سوچے تھے۔ لیکن خدا نے بھلا ہی کیا ہے۔ بہت سے لوگوں کی جان بچانے کے لئے مجھے ذریعہ بنانا خدا کا منشاء ہے۔*

یسعیاہ باب 46، آیات 9 تا 10 – *ان باتوں کو یاد کرو جو بہت پہلے ہوئی تھیں۔ یاد رکھو کہ*

میں خدا ہوں! کوئی اور دوسرا خدا نہیں ہے۔ میں خدا ہوں اور میرے جیسا کوئی دوسرا نہیں ہے۔ آغاز میں میں نے تمہیں ان باتوں کے بارے میں بتا دیا تھا جو آخر میں ہوں گی۔ بہت پہلے سے ہی میں نے تمہیں وہ باتیں بتا دی ہیں جو ابھی ہوئی نہیں ہیں۔ جب میں کسی بات کا کوئی منصوبہ بناتا ہوں، تو وہ یقیناً ہوتی ہے۔ میں وہ سب کچھ کروں گا جس کو کرنے کا میں نے فیصلہ کیا ہے۔

ایوب باب 42، آیت 2 – *اے خدا وند! میں جانتا ہوں کہ تو سب کچھ کر سکتا ہے۔ تو منصوبے بنا سکتا ہے اور تیرے منصوبوں کو کوئی بھی نہیں بدل سکتا اور نہ ہی اس کو روکا جا سکتا ہے۔*

زبور باب 115، آیت 3 – *ہمارا خدا تو آسمان پر ہے۔ جو کچھ وہ چاہتا ہے وہی کر تا رہتا ہے۔*

امثال باب 19، آیت 21 – *کسی شخص کا ذہن کئی منصوبے بنا تا ہے لیکن صرف خدا وند کا منصوبہ ہی وجود میں آئے گا۔*

امثال باب 21، آیت 30 – *اگر خدا وند اسکے خلاف ہو تو نہ عقلمندی ہے ، نہ بصیرت ہے اور نہ ہی مشورہ جس سے کامیابی ہو سکے۔*

نوحہ باب 3، آیت 37 – *جب تک خود خدا وند ہی کسی بات کو ہونے کا حکم نہیں دیتا، تب تک ایسا کوئی بھی شخص نہیں ہے کہ کوئی بات کہے اور اسے پورا کرنے والے۔*

پولس نے ہمیں بتایا کہ خُدا ''کی مرضی سے اسے پورا کر نے کے بعد اس کے فیصلہ سے متفق ہو ئے۔'' (افسیوں باب 1، آیت 11) مختصراً یہ حاکمیت ہے: خدا ہر چیز کو اپنی مرضی اور رضا کے مطابق انجام دیتا ہے۔ خدا کبھی بھی گناہ کا مصنف نہیں ہے (حبقوک باب 1، آیت 13؛ یعقوب باب 1، آیت 13)۔ پھر بھی، اپنی حاکمیت کو مدنظر رکھتے ہوئے، وہ اُس برائی کو بھی استعمال کرتا ہے جو بالآخر اُس کے اچھے اور شاندار مقاصد کو پورا کرنے کے لیے ہوتی ہے (پیدائش باب 50، آیت 20) اپنی پاک فطرت سے کبھی سمجھوتہ کیے بغیر۔ وہ یہ کیسے کر سکتا ہے یہ ایک معمہ ہے جسے ہمارے محدود ذہن کبھی پوری طرح سے نہیں سمجھ سکتے۔

یہاں صحیفے ہیں جو سچائی کی حمایت کرتے ہیں کہ خدا ہمیشہ اختیار میں ہے یہاں تک کہ جب برائی ہوتی ہے۔

خروج باب 4، آیت 11 – *تب خداوند نے اُس (موسیٰ) سے کہا، "انسان کا مُنہ کس نے بنا یا؟ اور ایک انسان کو گونگا اور بہرہ کون بنا تا ہے؟ انسان کو کون دیکھنے والا اوراندھا بنا سکتا ہے؟" وہ میں ہوں جو سبھی چیزوں کو کر سکتا ہوں۔*

استثنا باب 32،آیت 39 – *اب دیکھو ، میں ہی صرف خدا ہوں۔ کو ئی دوسرا خدا نہیں! میں ہی لوگوں کو موت دیتا ہوں اور میں لوگوں کو زندہ رکھتا ہوں۔ میں لوگوں کو ضرر پہنچاتا ہوں اور میں ہی انہیں اچھا کرتا ہوں! کو ئی بھی شخص میری قوت سے انہیں بچا نہیں سکتا ہے۔*

ایوب باب 2، آیت 10 – *تم ایک بیوقوف اور شریر عورت کی طرح بات کر تی ہو! جب خداوند اچھی چیز دیتا ہے ہم انہیں قبول کرتے ہیں۔اسی طرح سے تمہیں تکلیفوں کو بھی بنا شکایت کے ضرور برداشت کرنی چا ہئے۔"*

ان ساری باتوں کے باو جود بھی ایوب نے گناہ نہیں کیا۔ وہ خدا کے خلاف ایک لفظ بھی نہیں بولے ا۔

یسعیاہ باب 45، آیت 7 – *میں ہی روشنی کا موجد اور تاریکی کا خالق ہوں، میں ہی یہ سب باتیں کرتا ہوں۔*

نوحہ باب 3، آیات 37 تا 38 – *جب تک خود خدا وند ہی کسی بات کو ہونے کا حکم نہیں دیتا، تب تک ایسا کوئی بھی شخص نہیں ہے کہ کوئی بات کہے اور اسے پورا کرنے والے۔ بھلائی اور برائی سب کچھ خدا تعالیٰ کے حکم سے ہی ہیں۔*

یہ نوٹ کرنا بھی دلچسپ ہے کہ الیشا، جسے خدا دوسروں کو شفا دینے کے لیے استعمال کرتا تھا، ایک بیماری سے مر گیا۔

2 سلاطي باب 13، آیت 14 – *الیشع بیمار ہوا اور بیماری کی وجہ سے وہ بعد میں مر گیا۔ اسرائیل کا بادشاہ یہوآس الیشع سے ملنے گیا۔ یہوآس الیشع کے لئے رویا اور کہا ،"میرے*

صفت 10: خدا کی حاکمیت

باپ ، میرے باپ ! کیا یہ وقت اسرائیل کی رتھوں اور اسکے گھوڑوں کا ہے؟"

لہٰذا، ہم مندرجہ بالا صحیفوں سے واضح طور پر دیکھ سکتے ہیں کہ خُدا تمام امور پر حاکم ہے، نیکی اور بدی دونوں۔

تو پھر، خدا کی حاکمیت کے کچھ عملی مضمرات کیا ہیں؟ کل چار درج ذیل ہیں۔

1. یہ خدا کو کائنات میں اعلیٰ ہستی کے طور پر عزت دیتا ہے

دوسرے لفظوں میں، یہ صفت خدا کو خدا ہونے کا اعتراف کرتی ہے! یہ ہر چیز پر بادشاہ کے طور پر حکومت کرنے کے اس کے حق کو تسلیم کرتا ہے۔ یہ ہمیں یاد دلاتا ہے کہ وہ خالق ہے اور ہم تخلیق کردہ ہیں۔ خدا کو ہماری ضرورت نہیں ہے۔ دوسری طرف، ہمیں اگلی سانس کے لیے اس کی ضرورت ہے!

اشعیا نبی کے ذریعے، خُدا ہمیں بتاتا ہے، "میں یہواہ ہوں۔ یہ میرا نام ہے۔ میں اپنا جلال دوسرے کو نہیں دونگا۔ میں ان بتوں کو وہ ستائش جو میری ہے لینے کی اجازت نہیں دونگا۔" (اشعیا باب 42، آیت 8)۔ خُدا

کی مطلق حاکمیت کو تسلیم کرتے ہوئے، ہم اُس کو مکمل جلال دیتے ہیں۔ آخرکار، ہم خُدا کے جلال کے لیے بنائے گئے ہیں: ''ان سبھی لوگو ں کو جو میرے ہیں میرے پاس لے آ میں نے ان لوگوں کو خود اپنے جاہ و جلال کے لئے بنایا ہے۔ ان کی تخلیق میں نے کی ہے اس لئے وہ میرے ہیں'' (اشعیا باب 43، آیت 7)! لہٰذا، آئیے ہر چیز پر اس کی حاکمیت کو تسلیم کرتے ہوئے کائنات میں سب سے بڑی ہستی کے طور پر خدا کو اس کا صحیح مقام دیں!

2. یہ ہمیں عاجز کرتا ہے۔

چونکہ خُدا ہمیشہ عاجز دل کی پیروی کرتا ہے، اِس سے زیادہ عاجزی کی بات کیا ہو سکتی ہے کہ مسلسل اقرار کیا جائے کہ "خدا ہر چیز کا انچارج ہے، اور ہم نہیں ہیں!" یہ سچائی خُدا کو اس لیے سربلند کرتی ہے کہ وہ کون ہے اور اس نے ہمارے لیے کیا کیا ہے!

نبوکدنصر، جو دنیا پر حکمرانی کرنے والے سب سے طاقتور بادشاہوں میں سے ایک ہیں، نے مشکل طریقے سے سیکھا کہ ایک حاکم خدا انسان کے غرور کو کس طرح پست کرتا ہے۔ اس کے غرور نے اس کے دل کو دھوکہ دیا تھا جب وہ اپنی کامیابیوں پر فخر کرتا

تھا اور خدا کو جلال دینے میں ناکام رہا تھا: "بابل کو دیکھو! اس عظیم شہر کی تعمیر میں نے کی ہے۔ اس مقام کی تعمیر میں نے یہ دیکھنے کے لئے کی ہے کہ میں کتنا بڑا ہو ں!" (دانیال باب 4،آیت 30)۔ غور کریں کہ خُدا نے اُسے سزا میں کیسے کاٹا اسے یاد دلا یا کہ وہ، نہ کہ ایک محض انسان، جو ہر چیز پر حاکم ہے۔ "ابھی جب کہ وہ الفاظ کہہ ہی رہے تھے کہ اس نے آسمان سے آواز سنی، آواز نے کہا، "اے بادشا ہ نبو کد نضر! تیرے ساتھ یہ باتیں ہونگی۔ بادشاہ کی شکل میں تجھ سے تیری حکومت کی قوت چھین لی گئی ہے۔ تجھے اپنے عوام سے دُور جانا ہو گا۔ جنگلی جانوروں کے ساتھ تیرا قیام ہو گا۔ تو بیلوں کی طرح گھاس کھا ئیگا۔ سات سال بیت جا ئیں گے۔ تب تو یہ سمجھے گا کہ انساني مملکتوں پر خدا تعالیٰ حکومت کر تا ہے اور خدا تعالیٰ جسے چا ہتا ہے اسے حکومت سونپ دیتا ہے۔'" (دانیال باب 4، آیات 31 تا 32)۔

عاجزی ہونے کے بعد، نبوکدنضر نے آخرکار تسلیم کیا کہ خدا سب پر حاکم ہے: "تب بالآ خر میں، نبو کدنضر نے اوپر آسمان کی جانب دیکھا۔ سوچنے سمجھنے کی میری عقل مجھ میں وا پس آگئی۔ تب میں نے خدا تعالیٰ کی ستائش کی، جو ہمیشہ قائم ہے۔ میں نے اسے عظمت اور احترام دیا۔ خدا ہمیشہ سلطنت کر

تا ہے۔ اور اس کی مملکت پُشت درپُشت بنی رہتی ہے۔ اس زمین کے لوگ سچ مچ اہم نہیں ہیں۔ خدا آسمانی قوت اور زمین کے لوگوں کے ساتھ جو کچھ چاہتا ہے وہ کر تا ہے۔ اور کو ئی نہیں جو اسکا ہا تھ روک سکے یا اس سے کہے کہ تو کیا کر تا ہے۔۔۔ دیکھو اب میں،آسمان کے بادشا ہ کی ستائش کر تا ہوں اور میں اس کی تعظیم و تکریم کرتا ہوں جس میں متکبر لوگوں کو شرمندہ کرنے کی اہلیت ہے'' (دانیال باب 4، آیات 34 تا 35 اور 37)۔

ہم جتنا زیادہ خدا کی حاکمیت کے اس نظریے کو قبول کریں گے، اتنا ہی ہم عاجزی میں بڑھیں گے۔

3. یہ سخت آزمائش کے اوقات میں بہت سکون لاتا ہے

کائنات کے حاکم رب، جو ہر چیز کو قابو کرتا ہے، نے ہمیں اپنی محبت اور رحمت دکھانے کے لیے چنا ہے۔ ایسی محبت کے مستحق ہونے کے لیے ہم نے کبھی کیا کیا؟ کچھ نہیں! اور اگر خُدا ہمارے بڑے گناہوں کے باوجود ہم سے پیار کرتا ہے اور اُس نے ہمیں اپنی اولاد بنایا ہے، تو آزمائشوں سے گزرتے

وقت خوف ہم پر کیوں فتح پاتے ہیں — یہاں تک کہ جب وہ آزمائشیں شدید ہوں؟

یوسف کو خدا کی حاکمیت پر بڑا بھروسہ تھا۔ اسی لیے، انتہائی مشکل وقت سے گزرنے کے باوجود، وہ اپنے بھائیوں سے یہ الفاظ کہہ سکتا تھا: "تم میری بُرائی کر تے ہو ئے مجھے نقصان پہنچانے کی سو چے تھے۔ لیکن خدا نے بھلا ہی کیا ہے۔ بہت سے لوگوں کی جان بچانے کے لئے مجھے ذریعہ بنانا خدا کا منشاء ہے" (پیدائش باب 50، آیت 20)۔ وہ جانتا تھا کہ خدا اس کی زندگی کے تمام حالات کو اختیار کرتا ہے اور اس لیے مایوسی کا شکار نہیں ہوا یہاں تک کہ حالات اس کے لیے خوفناک ہو گئے۔

جیری برجز نے لکھا:

خدا اختیار میں ہے، لیکن اس کے اختیار میں وہ ہمیں درد کا تجربہ کرنے دیتا ہے۔ درد بہت حقیقی ہے۔ ہمیں تکلیف ہوتی ہے، ہمیں عذاب ہوتی ہے۔ لیکن ہمارے مصائب کے درمیان، ہمیں یقین کرنا چاہیے کہ خدا اختیار میں ہے؛ وہ اب بھی حاکم ہے۔ جیسا کہ مصنفہ مارگریٹ کلارکسن نے بہت خوبصورتی سے لکھا ہے، "خدا کی حاکمیت ایک ناقابل تسخیر

چٹان ہے جس سے دکھی انسانی دل کو چمٹنا
چاہیے۔ ہماری زندگیوں کے ارد گرد کے
حالات کوئی حادثہ نہیں ہیں: وہ برائی کا کام
ہو سکتا ہے، لیکن وہ برائی ہمارے حاکم خدا
کے طاقتور ہاتھ میں مضبوطی سے ہے...
تمام برائی اس کے تابع ہے، اور برائی اس
کے بچوں کو چھو نہیں سکتی جب تک کہ وہ
اس کی اجازت نہ دے۔ خُدا انسانی تاریخ کا
رب ہے اور اپنے نجات یافتہ خاندان کے ہر
فرد کی ذاتی تاریخ کا۔

نہ صرف دوسرے لوگوں کی جان بوجھ کر
بدتمیزی کارروائیاں خُدا کے حاکم اختیار میں
ہیں، اسی طرح دوسرے لوگوں کی غلطیاں
اور ناکامیاں بھی ہیں۔ کیا ایک اور ڈرائیور
سرخ بتی سے گزرا، آپ کی گاڑی کو ٹکرایا،
اور آپ کو متعدد فریکچر کے ساتھ ہسپتال
بھیج دیا؟ کیا کوئی طبیب آپ کے کینسر کا
ابتدائی مراحل میں پتہ لگانے میں ناکام رہا،
جب اس کا علاج کیا جا سکتا تھا؟ کیا یہ تمام
حالات ہمارے حاکم خُدا کے اختیار میں ہیں،
جو ہماری زندگیوں میں ہماری بھلائی کے
لیے کام کر رہا ہے۔

خدا کی حاکمیت پر یقین میں یہ خیال شامل ہونا چاہئے کہ *اس* خاص آزمائش سے بھی گزرنا ہے جس سے میں ابھی گزر رہا ہوں ایک حاکم اور محبت کرنے والے مسیح کے کیل چھیدے ہوئے ہاتھوں سے گزرنا ہے جو مکمل اختیار میں ہے۔ وہ اس آزمائش کے ذریعے اپنے تمام مقاصد کو پورا کرے گا۔ یہ علم بہت سکون لاتا ہے، خاص طور پر جب ہمارے آس پاس کی چیزیں ٹوٹتی رہتی ہیں! ہم ہمیشہ ایک پیار کرنے والے خدا کے بازوؤں میں محفوظ ہیں جو ہر چیز کو اختیار کرتا ہے۔ ہمیں تاریک وقت کے درمیان بھی یے یاد رکھنا چھایے۔

4. یہ انسانی ذمہ داری کو منسوخ نہیں کرتا ہے۔

خدا کی حاکمیت انسانوں کی آزادی یا ذمہ داری سے متصادم یا منسوخ نہیں ہوتی ہے — حالانکہ ہمارے محدود ذہن اس حقیقت کو پوری طرح سے سمجھنے کے قابل نہیں ہوسکتے ہیں۔ انسانی اعمال خُدا کو محدود نہیں کرتے اور نہ ہی ہماری کوششوں سے اُس کے مقاصد ناکام ہوتے ہیں۔ خدا کی حاکمیت میں ہمارے تمام اعمال شامل ہیں — سوائے اس کے کہ خدا ہمارے گناہوں کا کبھی ذمہ دار نہیں ہے۔ ایک اچھی مثال

اعمال باب 2، آیت 23 میں پائی جاتی ہے، "یسوع کو تمہا رے لئے دیا گیا لیکن تم نے برے لو گوں کے ذریعے انہیں مصلوب کئے اور کیل ٹھو کے [انسانی ذمہ داری] لیکن خدا جانتا تھا کہ سب کچھ ہو گا اور یہ خدا وند کا ہی مقررہ نظام تھا جو اس نے بہت پہلے تیار کیا تھا [الٰہی حاکمیت]۔" خُدا نے اپنے بیٹے کی موت کے ذمہ دار لوگوں کو ٹھہرایا۔ پھر بھی، یسوع کا صلیب پر جانا اس کے حاکم منصوبے کا حصہ تھا!

سب سے اہم بات یہ ہے: الٰہی حاکمیت انسانی ذمہ داری کو منسوخ نہیں کرتی ہے، اور نہ ہی انسانی ذمہ داری الٰہی حاکمیت کو منسوخ کرتی ہے۔ یہ دونوں عقائد کلام پاک میں سکھائے گئے ہیں۔ ہمارے محدود ذہن ان سچائیوں کو ملا نہیں سکتے۔ پھر بھی، وہ ایک خودمختار، لامحدود، اور تمام حکیم خدا کی نظروں میں مکمل طور پر موافق ہیں جس کے طریقے ہماری سمجھ سے باہر ہیں۔

لھذا، وہ چار مضمرات ہیں جن کے بارے میں سوچنے کے لیے جب ہم حیران ہوتے ہیں اور خدا کی ہر چیز پر حاکمیت کی اس صفت کے تابع ہوتے ہیں۔

اگر آپ خُدا کے بچے ہیں تو خوشی منائیں اور آرام کریں کیونکہ آپ ایک خُدا کے ہاتھ میں ہیں جو آپ کی

صفت 10: خدا کی حاکمیت

زندگی کے ہر واقعہ کو اختیار کرتا ہے۔ اس سے کوئی فرق نہیں پڑتا ہے کہ کچھ بھی ہو جائے، آپ جلد ہی ہمیشہ کے لیے اس کے ساتھ رہیں گے۔ تب تک تم پر اس کی حکمرانی کے تابع رہو۔ ایک ایسی زندگی کی پیروی کریں جو ہر وقت اُس کی تسبیح کرنے پر مرکوز ہو — اچھے اور برے دونوں۔

اگر آپ ابھی تک خدا کے بچے نہیں ہیں، تو براہ کرم سمجھ لیں کہ آپ اس حاکم خدا کے خلاف لڑ کر جیت نہیں سکتے۔ اس نے آپ کو اپنے گناہوں سے باز آنے اور اپنے بیٹے، یسوع مسیح پر بھروسہ کرنے کا حکم دیا ہے، جس نے گناہوں کی قیمت ادا کی۔ تبھی آپ اپنے گناہوں کو معاف کر سکتے ہیں، اس کے بچے بن سکتے ہیں، اور آنے والے فیصلے سے بچ سکتے ہیں۔ تو، براہ کرم آج ہی کریں۔ اُس امن اور خوشی کا تجربہ کریں جو آپ کے گناہوں کو یسوع کے خون سے دھونے سے حاصل ہوتا ہے۔ تاخیر نہ کرو!

بحث کے سوالات---------------------------

1. اس باب نے خدا کی حاکمیت کے بارے میں آپ کے نظریہ کو کیسے متاثر کیا ہے؟

2. خدا کی اس صفت کی روشنی میں آپ زندگی میں کیا تبدیلیاں لا سکتے ہیں؟

3. خدا کی یہ صفت آپ کی دعاؤں پر کیسے اثر انداز ہوتی ہے؟

4. خدا کی یہ صفت آپ کی بشارت پر کیسے اثر انداز ہوتی ہے؟

مراقبہ / حفظ کے لئے صحیفہ کی آیت--------

زبور باب 115، آیت 3 – *ہمارا خدا تو آسمان پر ہے۔ جو کچھ وہ چاہتا ہے وہی کر تا رہتا ہے۔*

دعا--

اے خداوند!

میں تجھ پر لٹکتا ہوں؛ میں دیکھتا ہوں، یقین کرتا ہوں، جیتا ہوں، جب تیری مرضی پوری ہوتی ہے، میری نہیں؛

میں اپنے آپ میں کسی بھی قابلیت اور فضل کے بارے میں، آپ کے پرووِیڈینس اور

وعدوں کے سلسلے میں کچھ بھی نہیں کر سکتا، لیکن صرف آپ کی خوشنودی کا۔ اگر تیری رحمت مجھے غریب اور ناقص بنا دے، تو آپ رحمت یافتہ ہو!

میری ضروریات سے پیدا ہونے والی دعائیں مستقبل کی رحمتوں کی تیاری ہیں۔ مجھے محسوس کرنے سے پہلے ایمان لا کر آپ کی عزت کرنے میں میری مدد کریں، کیونکہ اگر میں احساس کو ایمان کی وجہ بناؤں تو بہت بڑا گناہ ہے...

میری مدد کریں کہ میں ایمان کے ساتھ دعا کروں اور تیری مرضی کو تلاش کر، تیری بھرپور رحمت پر سختی سے اعتماد کروں، اس یقین کے ساتھ کہ آپ جو وعدہ کیا ہے اسے ضرور دیں گے۔

مجھے اس یقین کے ساتھ دعا کرنے کی طاقت دے کہ جو کچھ بھی مجھے ملتا ہے وہ تیرا تحفہ ہے، تاکہ میں دعا مانگوں جب تک کہ دعا قبول نہ ہو جائے...

تو میں تیری مرضی کا انتظار کروں گا، اس کے پورا ہونے کے لیے دعا کروں گا، اور تیرے فضل سے پوری طرح فرمانبردار بن جاؤں گا۔

آمین!

صفت 11

خدا کا صبر

خدا کے صبر سے مراد اس کے فیصلے کو روکنے کی صلاحیت ہے، چاہے ایک طویل مدت تک۔ جب کہ خدا کے صبر کو اس کی ایک خاص صفت کے طور پر دیکھا جا سکتا ہے، جیسا کہ اس باب میں ہے، اس کے صبر کو اس کی دوسری صفات کے نتیجے میں بھی دیکھا جا سکتا ہے، جیسے ہمدردی اور رحم - یہی وجہ ہے کہ ہم اکثر بائبل خدا کے صبر کو ان اصطلاحات کے ساتھ یا بعد پاتے ہیں جو اس کی ہمدرد، مہربان اور رحم کرنے والی فطرت کو بیان کرتی ہیں۔

خُدا نے اپنے آپ کو موسیٰ پر ظاہر کیا، اُس نے اپنی صفات کا اِس طرح اعلان کیا، ”یہواہ خداوند، رحمدل اور مہربان خدا ہے۔ خداوند جلدی غصّہ میں نہیں آتا ہے۔ خداوند عظیم محبت سے بھرا ہے۔ خداوند بھروسہ کر نے کے لئے ہے“ (خروج باب 34، آیت 6ب)۔ کیا آپ نے اس جملے کو دیکھا، "غصے میں آہستہ"؟ خدا

اتنا صبر کرنے والا ہے کہ وہ لوگوں کو فوراً سزا نہیں دیتا لیکن اکثر اپنے فیصلے کو روکتا ہے، یہاں تک کہ ایک طویل مدت تک۔

آرتھر پنک نے خدا کے صبر پر اسٹیفن چارنک کے الفاظ کا اس طرح حوالہ دیا ہے:

یہ الٰہی نیکی اور رحمت کا ایک حصہ ہے، پھر بھی دونوں سے مختلف ہے۔ خدا سب سے بڑی نیکی ہے، سب سے بڑی نرمی ہے؛ نرمی ہمیشہ سچی نیکی کی ساتھی ہوتی ہے، اور نیکی جتنی زیادہ ہوگی، نرمی اتنی ہی زیادہ ہوگی۔ کون مسیح جیسا مقدس اور کون اتنا حکیم؟ خُدا کا غصہ کرنے میں تاخیر ہونا اُس کی رحمت کی ایک شاخ ہے: ''خداوند صابر اور شفقّت سے بھر پور ہے'' (زبور باب 145،آیت 8)۔

یہاں پرانے عہد نامے میں خدا کے صبر کے چند حوالہ جات ہیں:

گنتی باب 14،آیت 18 – *خداوند آہستہ سے غصّہ میں آتا ہے۔ خداوند محبت سے بھر پور ہے۔ خداوند گناہ کو معاف کرتا ہے اور ان*

لوگوں کو بھی معاف کرتا ہے جو اُس کے خلاف بغاوت کرتے ہیں۔ لیکن خداوند اُن لوگوں کو ضرور سزادے گا جو قصووار ہیں۔خداوند نے بچوں کو آن کے پوتوں کو ان کے پڑ پوتوں کو بھی گناہ کے لئے سزا دیتا ہے۔

زبور باب 86، آیت 15 – *خداوند تو رحیم و کریم ہے، تو دلیر بھروسہ مند، صبر اور محبت سے معمور ہے۔*

زبور باب 103، آیت 8 – *خدا رحیم و کریم ہے۔ خدا پُر تحمّل اور شفقت سے بھرا ہے۔*

زبور باب 145، آیت 8 – *خداوند رحیم و کریم ہے۔ خداوند صابر اور شفقّت سے بھر پور ہے۔*

یہ بتاتے ہوئے کہ وہ نینوا کے لوگوں کو منادی کرنے کے لیے خدا کے حکم سے کیوں بھاگا، یوناہ نے اپنی نافرمانی کی وجہ کے طور پر خُدا کے صبر پر روشنی ڈالی۔ ''اس نے خداوند سے شکایت کر تے ہو ئے کہا، "میں جانتا تھا کہ ایسا ہی ہو گا! میں تو اپنے ملک میں تھا۔ اور تو نے ہی مجھ سے یہاں آنے کو کہا تھا۔ اسی وقت سے مجھے یہ پتا تھا کہ تو اس گنہگار شہر کے لوگوں کو معاف کر دیگا۔ میں نے اس لئے ترسیس

خدا کی صفات

بھاگ جانے کی سوچی تھی۔ میں جانتا تھا کہ تو رحیم و کریم خدا ہے اور لوگوں کو سزا دینا نہیں چاہتا، مجھے پتا تھا کہ تو شفقت میں غنی ہے اور عذاب نازل کر نے سے باز رہتا ہے۔'' (یونس باب 4، آیت 2)۔ دوسرے لفظوں میں، یونس، ایک نبی، خدا کے صبر کے بارے میں جانتا تھا اور یہ کہ اگر وہ توبہ کر لیں تو وہ شریر نینوا کو بھی معاف کر دے گا۔ وہ نہیں چاہتا تھا کہ انہیں معاف کیا جائے۔ لہٰذا، اُس نے اُن کو خوشخبری سنانے سے انکار کر دیا – جب تک خُدا نے اسے اس کی حکم کی اطاعت کی! یہ واضح طور پر ظاہر کرتا ہے کہ خُدا کا صبر، گنہگاروں کے لیے اُس کی محبت کے ساتھ، اُس نے بدکار نینوا کے لوگوں کو بھی معاف کر دیا۔ نحوم نبی نے بھی، بہت سالوں بعد نینوا کے لوگوں کو منادی کرتے ہوئے، خُدا کے صبر کے بارے میں لکھا جب اُس نے اُنہیں توبہ کرنے کے لیے بلایا، ''خدا وند صابر ہے، لیکن وہ بہت قدرت والا ہے۔ اور خدا وند قصور وار کو سزا دیتا ہے۔ وہ انہیں آزادانہ طور پر چلے جانے نہیں دیگا'' (نحوم باب 1، آیت 3)۔

وہ لوگ جو کہتے ہیں کہ پرانے عہد نامے کا خدا صرف سزا دینے والا خدا ہے اور شاذ ونادر ہی محبت کا اظہار کرتا ہے، مذکورہ بالا آیات ایک سرزنش کے

طور پر کھڑی ہیں۔ طویل عرصے تک گناہ کرنے والے لوگوں کے لیے خدا نے کتنا صبر دکھایا!

جب ہم نئے عہد نامے میں آتے ہیں، تو ہمیں خدا کے صبر کو اجاگر کرنے والے متعدد حوالہ جات ملتے ہیں۔ ذیل میں چند ہیں:

رومیوں باب 2، آیت 4 – *کیا تو اس کی مہر بانی ، تحمل اور صبر کی دولت کو نا چیز سمجھتا ہے؟ کیا تو نہیں سمجھتا کہ خدا کی مہر بانی تجھ کو توبہ کی طرف مائل کر تی ہے؟*

1 تیمتھیس باب 1، آیت 16 – *لیکن مجھ پر رحم کیا گیا۔ مجھ پر رحم کیا گیا تا کہ یسوع مسیح میرے ذریعے یہ ظاہر کر سکے کہ مجھ میں بے پناہ صبر ہے۔ انہوں نے مجھ جیسا سب سے بڑا گنہگا ر کے ذریعہ صبر کو ظاہر کیا۔ مسیح چا ہتے تھے کہ میں ان لوگوں کے لئے ایک نمونہ بنوں جو ہمیشہ کی زندگی کے لئے اس پر ایمان لا ئیں گے۔*

پولس، یہ بیان کرنے کے بعد، "یسوع مسیح اس دنیا میں گنہگاروں کو بچانے آئے اور ان میں سے سب سے بڑا گنہگار میں ہوں" (1 تیمتھیس باب 1، آیت 15)، پھر کہنے لگا کے حالانکہ وہ بد ترین گنہگار

تھا، "لیکن مجھ پر رحم کیا گیا۔" کیوں؟ اس طرح، یسوع "مجھ جیسا سب سے بڑا گنہگار کے ذریعہ صبر کو ظاہر کیا۔ مسیح چاہتے تھے کہ میں ان لوگوں کے لئے ایک نمونہ بنوں جو ہمیشہ کی زندگی کے لئے اس پر ایمان لا ئیں گے۔'' دوسرے لفظوں میں، اگر خُدا پولس کے ساتھ اتنا صبر کرتا تھا، جس نے یسوع کے خلاف اتنا لڑا اور پھر بھی اُسے بچایا، تو کیا وہ دوسرے گنہگاروں کو بھی نہیں بچائے گا – اگر وہ اُس کے بیٹے، یسوع، پر ایمان رکھ کر اُس کی ابدی زندگی کی پیشکش کو قبول کرتے ہیں؟

پطرس نے ماضی میں خدا کے صبر کا بھی حوالہ دیا جب کشتی بنائی جا رہی تھی: "خدا نے خاموشی سے نوح کی کشتی بنانے تک انتظار کیا صرف چند لوگ یعنی آٹھ افراد تھے جو اس کشتی میں بچا لئے گئے ان لوگوں کو پا نی سے بچا لیا گیا" (1 پطرس باب 3، آیت 20)۔ اپنے بے پناہ صبر میں، خدا نے 100 سال سے زیادہ لوگوں کے توبہ کرنے کا انتظار کیا، اس طرح اس کے فیصلے سے بچ جایں۔ وہ اُن سب کو اُن کی شرارت کے لیے فوراً مار سکتا تھا۔ پھر بھی، اُس کے صبر نے اُسے بہت لمبے عرصے تک فیصلے کو روکے رکھا۔ حالانکہ وہ جانتا تھا کہ وہ توبہ نہیں کریں گے۔ (پیدائش باب 6، آیات 13 اور 18)۔

صفت 11: خدا کا صبر

پولُس رومیوں باب 9، آیت 22 میں بالکل اسی طرح کی بات کہتا ہے، ”خدا اپنا غضب ظا ہر کرنے اور اپنی قدرت آشکار کرنے کے ارادہ سے غضب کے برتنوں کے ساتھ جو ہلا کت کے لئے تیار ہو ئے تھے نہا یت صبر سے پیش آیا۔“ وہ ایسے لوگوں کے ساتھ بھی صبر کرتا ہے جو آخرکار توبہ میں اس کی طرف رجوع کرنے میں ناکام رہنے پر اس کے غضب اور تباہی کا سامنا کریں گے۔ یہ ناقابل یقین ہے جب ہم رکتے ہیں اور ان لوگوں کے لیے خُدا کے صبر کے بارے میں سوچتے ہیں جو حتمی تجزیے میں اُسے ابھی تک مسترد کرتے ہیں!

تو پھر، ہماری زندگیوں میں خدا کی اس صفت کے کیا مضمرات ہیں؟

مسیحی کے لیے

ہمیں ایک دوسرے کے ساتھ اپنے تعلقات میں صبر کا مظاہرہ کرنا ہے۔ یہی بنیادی مفہوم ہے۔ اکثر، ہم لوگوں پر غصہ کرنے میں اتنی جلدی ہوتے ہیں۔ ایسا رویہ بعض اوقات تکلیف دہ طریقوں سے انتقامی کارروائی کا باعث بنتا ہے کیونکہ ہمیں درد ہوتی ہے۔ اس کے باوجود، بائبل بار بار ہمیں ایک دوسرے کے ساتھ اپنے

تعلقات میں صبر (غصہ کرنے میں آہستہ ہونا) کا پیچھا کرنے کی دعوت دیتی ہے۔

امثال باب 19، آیت 11 – ایک سمجھ بوجھ والا آدمی اپنے غصہ کو قابو کر لیتا ہے اور جرم کو نظر انداز کردیتا ہے یہ اسکی شان ہے۔

1 کرنتھیوں باب 13، آیت 4 – محبت صابر اور مہربان ہے یہ حسد نہیں کرتی۔ اور یہ اپنی ہی بگل نہیں پھونکتی۔ یہ مغرور نہیں۔

کلسیوں باب 3، آیت 12 – خدا نے تمہیں چن لیا ہے اور تم اس کے مقدس لوگ ہو۔ وہ تم سے محبت کرتا ہے اس لئے تم ان چیزوں کو کرتے رہو۔ ان کے ساتھ زیادہ سے زیادہ ہمدردی، رحمدلی، عاجزی، نرمی اور مہربانی سے پیش آؤ اور صبر کرو۔

افسیوں باب 4، آیت 2 – ہمیشہ حلیم اور کمال فروتنی سے رہو۔ صبر اور محبت سے ایک دوسرے کو برداشت کرو۔

1 تھیسلنیکیوں باب 5، آیت 14 – اے بھائیو اور بہنو! ہم تم سے کہتے ہیں کہ جو لوگ کام نہیں کرتے انہیں خبردار کرو جو لوگ ڈرتے

صفت 11: خدا کا صبر

ہیں ان کو ہمت دلا ؤ جو کمزور ہیں انکی مدد کرو اور ہر ایک کے ساتھ صبر سے کام لو۔

پطرس مومنوں کو اپنے تئیں خُدا کے صبر کی یاد دلاتا ہے جب وہ اُن کے اِن الفاظ کے ذریعے توبہ کرنے کا انتظار کرتا ہے: ''خدا وند اپنے وعدے میں دیر نہیں کرتا جیسا کہ کچھ لوگ سمجھتے ہیں لیکن خدا تم لوگوں کے ساتھ صبر و تحمّل سے کا م لیتا ہے خدا یہ نہیں چاہتا تھا کہ کو ئی بھی ہلا ک ہو جائے بلکہ خدا چاہتا ہے کہ ہر شخص اپنے دل کو بدلے اور گناہ سے رک جائے" (2 پطرس باب 3، آیت 9)۔

مسلسل اس بات پر غور کرنے سے کہ خدا ہمارے پاس آنے سے پہلے ہمارے ساتھ کتنا صبر کرتا تھا اور اب بھی ہمارے ساتھ صبر کرتا ہے – جو اس کے بچے بننے کے بعد اسے اکثر ناکام کرتے ہیں، ہم بھی لوگوں کے ساتھ معاملہ کرتے وقت صبر کا جذبہ پیدا کر سکتے ہیں – یہاں تک کہ مشکل ترین بھی۔ جب وہ ہمارے خلاف گناہ کرتے ہیں! ہمیں بدلہ لینے کی ضرورت نہیں ہے یہاں تک کہ جب ہماری بار بار توہین کی جائے یا نظر انداز کیا جائے۔ جیسا کہ سلیمان نے دانشمندی سے مشورہ دیا، ''جر م کو نظر انداز کردیتا ہے یہ اسکی شان ہے'' (امثال باب 19، آیت 11ب)! ماضی کے عبادت گاہ کے ایک رہنما،

کریسوسٹوم نے کہا، "ایک صبر کرنے والا آدمی وہ ہے جس کے پاس اپنے آپ کو بدلہ لینے کے لیے وسائل اور موقع ہو، وہ ان مشقوں سے باز رہنے کا انتخاب کرتا ہے۔"

کسی نے لنکن کے ساتھ ایڈون اسٹینٹن سے زیادہ حقارت کا سلوک نہیں کیا، جس نے لنکن کی دریافت کی مذمت کی اور اسے "گھٹیا چالاک مسخرہ" کہا۔ اسٹینٹن نے اسے "اصل گوریلا" کا نام دیا تھا۔ اس نے کہا کہ متلاشی پال ڈو چیلو افریقہ میں گھومنے پھرنے کے لیے ایک احمق تھا جب وہ ایک گوریلا کو پکڑنے کی کوشش کر رہا تھا جب اسے اسپرنگ فیلڈ، الینوائے میں آسانی سے مل سکتا تھا۔ لنکن نے جواب میں کچھ نہیں کہا۔ درحقیقت اس نے اسٹینٹن کو اپنا جنگی وزیر بنایا کیونکہ اس کام کے لیے اسٹینٹن بہترین آدمی تھا۔ اس کے ساتھ ہر قسم کے حسن سلوک سے پیش آیا۔ سال گزرتے گئے۔

وہ رات آئی جب ایک قاتل کی گولی ایک تھیٹر میں لنکن مارا۔ ایک کمرے میں جہاں لنکن کی لاش لے گئی تھی اس رات اسٹینٹن کھڑا تھا۔ جب اس نے صدر کے خاموش، ناھموار چہرے کی طرف دیکھا، تو اسٹینٹن نے اپنے آنسوؤں کے ذریعے کہا، "وہاں

مردوں کا سب سے بڑا حکمران ہے جو دنیا نے دیکھا
ہے۔"

محبت کے صبر نے آخر میں فتح حاصل کی جیسا کہ
رومیوں باب 12، آیت 21 ہمیں یاد دلاتا ہے: "بدی سے
شکست نہ کھا ؤ بلکہ بجائے اس کے نیکی سے بدی
کو شکست دو۔" خُدا اُن شریروں کے ساتھ بھی بہت
صبر کرتا ہے جو مسلسل اُس کا مذاق اُڑاتے ہیں۔ کیا
ہمیں اُس کی نقل نہیں کرنی چاہیے جب ہم ان کے ساتھ
صبر کرتے ہیں جس نے ہمیں تکلیف دی؟ جیسے باپ
، جیسے بچے! یہی مقصد ہے!

ہم صبر کیسے پیدا کر سکتے ہیں؟ یہ یاد رکھنا
ضروری ہے کہ ہم یہ صبر خود پیدا نہیں کر سکتے۔
ہمیں اپنی زندگیوں میں صبر کی اس صفت کو کام
کرنے کے لیے روح القدس کی ضرورت ہے۔ "لیکن
روح ہمیں محبت، خوشی، سلامتی، صبر، مہر بانی،
نیکی، ایماندا ری، پرہیز گاری، ہمدردی اور طور پر
قابو پانا سکھا تی ہے۔ کوئی بھی شریعت ان اچھی
عادتوں کی مخا لفت نہیں کرتی۔" کی خصوصیات میں
سے ایک ہے (گلتیوں باب 5، آیات 22 تا 23)۔ جب
ہم اسے روح القدس کے تابع کرنے کی عادت بناتے
ہیں (جو صحیفوں کی اطاعت کی زندگی گزار رہا ہے)
تو وہ (روح القدس) ہم میں صبر کا پھل پیدا کرتا
ہے۔

یہ ایک دوسرے کے ساتھ ہمارے تعلقات میں صبر وتحمل کے جذبے کو فروغ دینے اور ظاہر کرنے کا راستہ ہے۔

غیر عیسائیوں کے لیے

گنہگاروں کے ساتھ نمٹنے میں خُدا کا صبر لوگوں کے توبہ کرنے کے لیے تقریباً ایک صدی کے انتظار میں نظر آتا ہے۔ اُس نے اُنہیں توبہ کرنے کے متعدد مواقع فراہم کیے جیسا کہ اُس نے نوح کو استعمال کیا، "وہ شخص تھا جو لوگوں کو راستبازی کی باتیں کہتا تھا" (2 پطرس باب 2، آیت 5)، انہیں بار بار اپنے گناہوں سے باز آنے اور ایمان کے ساتھ اُس کی طرف رجوع کرنے کے لیے بلایا۔ پھر بھی، جب وہ توبہ کرنے میں ناکام رہے تو خدا نے ان کا فیصلہ کیا۔

اسی طرح، جیسا کہ خُدا آپ کے لیے اپنا صبر ظاہر کرتا ہے، اُس کا ارادہ آپ کے لیے توبہ کرنا ہے، جیسا کہ پولُس ہمیں رومیوں باب 2، آیت 4 میں یاد دلاتا ہے، "کیا تو اس کی مہربانی، تحمل اور صبر کی دولت کو نا چیز سمجھتا ہے؟ کیا تو نہیں سمجھتا کہ خدا کی مہربانی تجھ کو توبہ کی طرف مائل کرتی ہے؟" لیکن اگر آپ توبہ کرنے میں ناکام رہتے ہیں تو، ایک انتباہ ہے جیسا کہ اگلی دو آیات میں دیکھا گیا ہے: "بلکہ تو

اپنی سختی اور تو بہ نہ کر نے والے دل کے مطا بق اُس قہر کے دن کے لئے اپنے واسطے خدا کا غضب پیدا کر رہا ہے جس دن خدا کی سچی عدالت ظا ہر ہو گی۔ خدا ہر کسی کو اس کے کاموں کے موافق بد لہ دیگا'' (رومیوں باب 2، آیات 5 تا 6)۔

پرانا عہد نامہ بھی یہی انتباہ جاری کرتا ہے۔ صرف اس وجہ سے کہ آج آپ کا فیصلہ نہیں کیا گیا ہے آپ کو یہ سوچنے میں دھوکہ نہیں دینا چاہئے کہ آپ مستقبل میں کبھی بھی انصاف نہیں کریں گے۔ یہاں واعظ باب 8، آیات 11 تا 13 سے خُدا کی تنبیہ ہے، ''کبھی کبھی لوگ جو برے کام کر تے ہیں ان کیلئے انہیں فوراً سزا نہیں ملتی ہے ان کی سزا ئیں آہستہ آہستہ آتی ہیں اور ان کے سبب دوسرے لوگ بھی برے کام کرنے لگتے ہیں۔ کو ئی گنہگار چا ہے سینکڑو ں گناہ کرے اور چا ہے اس کی عمر کتنی ہی طویل ہو لیکن پھر بھی میں یہ جانتا ہوں کہ جو خدا کی عزت کرتے ہیں بہتر ہیں کیوں کہ وہ ان سے ڈرتے ہیں۔ برے لوگ خدا کی ستائش نہیں کر تے ہیں اس لئے ایسے لوگ اصل میں اچھی چیزوں کو حاصل نہیں کرتے ہیں۔ ان کی زندگی غروب آفتاب کے وقت طویل ہو تے ہو ئے سایہ کی مانند بڑی نہیں ہو گی۔'' صرف اس لیے کہ آج سب ٹھیک ہے، براہ کرم یہ مت سمجھو

کہ کل سب ٹھیک ہو جائے گا! اگر آپ خُدا کی طرف متوجہ نہیں ہوتے اور اُس کے بیٹے، یسوع مسیح پر بھروسہ نہیں کرتے، تو آپ کے لیے ''اچھی چیزوں کو حاصل نہیں کر تے ہیں''، جیسا کہ واعظ باب 8، آیت 13 سکھاتا ہے۔ ابدی فیصلہ آپ کا منتظر ہے۔ میں یہ بات ٹوٹے ہوئے اور محبت بھرے دل سے کہتا ہوں۔ لیکن یہ سچے الفاظ ہیں۔ براہ کرم انہیں سنجیدگی سے لیں۔

وہی صابر خدا جو صبر کرنے والا اور غصہ کرنے میں آہستہ ہے غضب کا خدا بھی ہے (واپس جائیں اور باب "خدا کا غضب" پڑھیں)۔ وہ ان تمام لوگوں کا فیصلہ کرے گا جو اپنے بیٹے کو مسترد کرتے ہیں۔ اس کے صبر کی حد ہوتی ہے۔ اگر آپ اپنے دل کو سخت کرتے رہیں گے اور آپ کی طرف اس کے صبر کو نظر انداز کرتے ہیں، تو آپ کے لیے اس کے مکمل اور آخری غضب کا سامنا کرنا باقی ہے۔ براہ کرم خدا کے صبر کو آپ کے لئے خدا کی رضا سمجھ کر نہ غلط تشخیص کرو۔ وہ آپ سے اس وقت تک راضی نہیں ہے جب تک کہ آپ اس کے حکموں سے سرکشی کی زندگی گزارتے رہیں۔ تو، براہِ کرم اپنے گناہوں سے باز آجائیں اور یسوع کی طرف رجوع کریں!

صفت 11: خدا کا صبر

بحث کے سوالات--------------------------

1. اس باب نے خدا کا صبر کے بارے میں آپ کے نظریہ کو کیسے متاثر کیا ہے؟
2. خدا کی اس صفت کی روشنی میں آپ زندگی میں کیا تبدیلیاں لا سکتے ہیں؟
3. خدا کی یہ صفت آپ کی دعاؤں پر کیسے اثر انداز ہوتی ہے؟
4. خدا کی یہ صفت آپ کی بشارت پر کیسے اثر انداز ہوتی ہے؟

مراقبہ / حفظ کے لئے صحیفہ کی آیت--------

زبور باب 103، آیت 8 – *خدا رحیم و کریم ہے۔ خدا پُر تحمّل اور شفقت سے بھرا ہے۔*

دعا-------------------------------------

باپ، میں اپنے تئیں آپ کے صبر پر حیران ہوں۔ اگرچہ میں ہر ایک دن بار بار گرتا ہوں، آپ میرے ساتھ برداشت کرتے رہیں گے. یہاں تک کہ جب آپ مجھے

تادیب کرتے ہیں، آپ یہ میری بھلائی کے لیے محبت میں کرتے ہیں۔ براہ کرم میری مدد کریں کہ آپ کے صبر کو معمولی نہ سمجھوں۔ دوسروں کی طرف میری بے صبری کی وجہ سے مجھے آپ کے روح کو غمگین ہونے سے بچا۔ براہ کرم مجھے یاد دلائیں کہ جس طرح آپ غصہ کرنے میں آہستہ ہیں اور میرے ساتھ میرے گناہوں کے مطابق سلوک نہیں کرتے ہیں، مجھے بھی دوسروں کے لیے زیادہ صبر کا مظاہرہ کرنا چاہیے۔ مجھے اپنے بیٹے، یسوع، کی طرح بننے میں مدد کریں، جس نے اس زمین پر چلنے کے دوران مشکل لوگوں سے نمٹنے کے دوران بہت صبر کا مظاہرہ کیا۔ آمین!

صفت 12

خدا کی نہ بدلنے والی فطرت

خُدا کی نہ بدلنے والی فطرت، جسے اُس کی غیر متبدلی کے طور پر بھی بیان کیا گیا ہے، اس کا مطلب ہے کہ وہ غیر متبدل ہے اس کے وجود اور اس کے تمام مقاصد میں۔

ایک مصنف نے کہا ہے کہ مندرجہ بالا تعریف کا مطلب یہ نہیں ہے کہ خدا مختلف حالات میں جذبات کو محسوس نہیں کرسکتا یا مختلف طریقے سے کام نہیں کرسکتا۔ اس کا مطلب ہے کہ وہ نہ کبھی بڑھتا ہے اور نہ ہی زوال پذیر ہوتا ہے۔ اس کی کوئی ابتدا یا انتہا نہیں ہے۔ وہ بہتر یا بدتر کے لیے تبدیل کرنے سے قاصر ہے۔ وہ آج کچھ نہیں ہے جو کل نہیں تھا۔ نہ وہ اس سے زیادہ مقدس ہے اور نہ ہی کم مقدس، محبت کرنے والا، یا رحم کرنے والا جتنا وہ تھا اور نہ کبھی ہوگا۔ اس نے اپنی کسی صفت میں کوئی اضافہ نہیں کیا، نہ گھٹایا اور نہ ہی کم کیا۔

خدا اپنی ذات میں بے بدل ہے۔

جب خُدا نے اپنے آپ کو موسیٰ پر ظاہر کیا، اُس نے کہا، "میں جو ہوں سو میں ہوں" (خروج باب 3، آیت 14)۔ وہ ہمیشہ کے لیے ایک جیسا ہے۔ ملاکی کے ذریعے بات کرتے وقت، خُدا نے یہ اعلان کرتے ہوئے اپنی نہ بدلنے والی فطرت کی تصدیق کی، "کیوں کہ میں خداوند ہوں اور میں بدلتا نہیں" (باب 3،آیت 6الف) ۔ جیمز ہمیں یاد دلاتا ہے کہ خُدا "نہیں بدلتا وہ ہمیشہ ایک ہی حالت میں رہتا ہے" (باب 1، آیت 17ب) ۔ یہی وجہ ہے کہ خُدا کا موازنہ اکثر اُس چٹان سے کیا جاتا ہے جو غیرمنقول ہے جبکہ اردگرد کے سمندر کے ساتھ جو مسلسل اُتارتا رہتا ہے: "وہ (خداوند) ہماری چٹان ہے اس کے تمام کام کا مل ہیں۔ کیوں کہ اس کے تمام راستے سچ ہیں! وہ بُرائی نہیں کرتاہے۔ خدا اچھا اور وفادار ہے" (استثنا باب 32، آیت 4)۔

زبور نویس نے جب زمین اور آسمان جیسی چیزوں کا برعکس کیا جو انسانی نقطہ نظر سے مستقل معلوم ہو سکتی ہیں تو یہ کہا:

زبور باب 102، آیات 25 تا 27 – بہت زمانہ پہلے تو نے زمین کی بُنیاد ڈالی۔ اور تُو نے

خود اپنے ہا تھوں سے آسما ن بنایا! یہ دُنیا اور آسمان نیست ونابود ہو جا ئیں گے۔ لیکن تو ابد تک زندہ رہے گا۔ وہ لباس کی مانند پرا نے ہو جا ئیں گے۔ لباس کی مانند ہی تُو اسے بدلے گا۔ وہ سبھی بدل دیئے جا ئیں گے۔ اے خدا! لیکن تُو کبھی نہیں بدلتا۔ تُو ابد تک زندہ رہے گا۔

زبور نویس اس بات کی تصدیق کرتا ہے کہ جس طرح خدا آسمانوں اور زمین کی تخلیق سے پہلے موجود تھا، وہ ان سب کے فنا ہونے کے بعد بھی موجود رہے گا۔ خالق کے طور پر، وہ غیر تبدیل شدہ رہتا ہے. دلچسپ بات یہ ہے کہ عبرانیوں کے مصنف نے ان آیات کو عبرانیوں باب 1، آیات 10 تا 12 میں یسوع مسیح پر لاگو کیا۔ بعد میں، اُس نے یسوع مسیح کو"ایسا ہی آج ہے جیسے کل تھا اور ویسا ہی ابدی طور پر رہے گا" قرار دیا (عبرانیوں باب 13، آیت 8)۔ یہ بیان کرتے ہوئے کہ یسوع اسی الٰہی صفت کے مالک ہیں، مصنف نے باپ کے ساتھ یسوع کی مساوات کی تصدیق کی ہے۔

W.A پنک نے بجا طور پر خدا کے بے بدل ہونے کے جوہر کو اس طرح بیان کیا:

جو کچھ (خدا) آج ہے، وہ کبھی رہا ہے اور ہمیشہ رہے گا... وہ بہتر کے لیے تبدیل نہیں ہو سکتا۔ کیونکہ وہ پہلے ہی کامل ہے۔ اور کامل ہونے کی وجہ سے، وہ بدتر کے لیے تبدیل نہیں ہو سکتا۔ اپنی ذات سے باہر کسی بھی چیز سے مکمل طور پر متاثر نہ ہو، بہتری یا بگاڑ ناممکن ہے۔ وہ ہمیشہ ایک جیسا ہے۔

خدا اپنے مقاصد میں بے بدل ہے۔

خدا نہ صرف اپنی ذات میں بے بدل ہے بلکہ وہ اپنے تمام مقاصد میں بھی بے بدل ہے۔ بہت سے صحیفے اس سچائی کی تصدیق کرتے ہیں۔ ذیل میں چند درج ہیں:

ایوب باب 23، آیت 1 – لیکن خدا کبھی نہیں بدلتا۔ کوئی بھی شخص اسکے خلاف کھڑا نہیں رہ سکتا ہے۔ خدا جو بھی چاہتا ہے، کرتا ہے۔

ایوب باب 42، آیت 2 – اے خدا وند! میں جانتا ہوں کہ تو سب کچھ کر سکتا ہے۔ تو منصوبے بنا سکتا ہے اور تیرے منصوبوں کو کوئی بھی نہیں بدل سکتا اور نہ ہی اس کو روکا جا سکتا ہے۔

زبور باب 33، آیت 11 – *لیکن خداوند کے مشورے ہمیشہ ہی بہتر ہو تے ہیں۔ اُس کے منصو بے نسل در نسل بہتر ہو تے ہیں۔*

زبور باب 115، آیت 3 – ہمارا خدا تو آسمان پر ہے۔ جو کچھ وہ چاہتا ہے وہی کر تا رہتا ہے۔

یسعیاہ باب 46، آیت 10 – *آغاز میں میں نے تمہیں ان باتوں کے بارے میں بتا دیا تھا جو آخر میں ہوں گی۔ بہت پہلے سے ہی میں نے تمہیں وہ باتیں بتا دی ہیں جو ابھی ہوئی نہیں ہیں۔ جب میں کسی بات کا کوئی منصوبہ بنا تا ہوں ، تو وہ یقیناً ہوتی ہے۔ میں وہ سب کچھ کروں گا جس کو کرنے کا میں نے فیصلہ کیا ہے۔*

میکاہ نے اسرائیل کے ساتھ کیے گئے وعدوں کے لیے خدا کی عہد محبت اور معاهده کی تصدیق کی جب چیزیں بہت ہی تاریک لگ رہی تھیں: "تیری طرح کوئی خدا نہیں ہے۔ تو بچے ہوئے لوگوں کي بد کرداري اور گناہوں کو معاف کر دیتا ہے۔ خدا وند اپنے قھر کو لمبے عرصے تک نہیں رکھے گا کیوں کہ وہ ہر ایک پر رحم کرنا پسند کرتا ہے۔ خدا وند!

ایک بار پھر تو ہم لوگوں پر رحم کرے گا۔ تو ہمارے
گناہوں کو فتح کرے گا اور تو ہمارے سارے گناہوں
کو گہرے سمندر میں پھینک دیگا۔ خدا وند یعقوب سے
وفا داری کر اور ابراہیم پر شفقت دکھا *جس کی بابت*
تو نے بہت پہلے ہی ہمارے باپ دادا سے وعدہ کیا
تھا" (میکاہ باب 7، آیات 18 تا 20) ۔ یہ آیات،
دوسروں کے درمیان، اسرائیل کے خدا کے تحفظ کی
ضمانت دیتی ہیں۔

مصیبت زدہ ایمانداروں کو لکھتے ہوئے، عبرانیوں
کے مصنف نے انہیں اپنے لوگوں کے ساتھ اپنے تمام
اچھے وعدوں کو پورا کرنے کے لیے خُدا کے بے
تکے عزم کی یاد دلاتے ہوئے اُنہیں اپنے ایمان پر
ثابت قدم رہنے کی ترغیب دی، خاص طور پر وعدہ
شدہ وراثت کا جو ابھی آنا باقی ہے۔ اس نے اسے
عبرانیوں باب 6، آیات 17 تا 18 میں لکھا: "خدا نے
صاف طور پر انکو بتانا چاہا جس کے ساتھ وہ وعدہ
پوراکر رہا ہو کہ اسکا فیصلہ نہیں بدلتا اس لئے اس
کے وارثوں کے لئے اس نے وعدے کو لیا۔ یہ دو
چیزیں خدا کے لئے ممکن نہیں کہ وہ کچھ کہتے وقت
جھوٹ بولے اور قسم لیتے وقت جھوٹی قسم کھائے۔
چنانچہ ہماری پختہ طور سے دلجمعی ہو جائے جو

پناہ لینے کو اس لئے دوڑے ہیں کہ اس امید کو جو خدا کے سامنے رکھی ہوئی ہے قبضہ میں لائیں۔''۔

خُدا نے، ابدیت کے ماضی میں، اُن تمام چیزوں کا تعین کیا جو اُس نے پورا کرنے کی منصوبہ بندی کی تھی۔ اسے نئے علم کی بنیاد پر یا طاقت کی کمی کی وجہ سے اپنے منصوبوں پر نظر ثانی کرنے کی ضرورت نہیں ہے۔ خدا ہمیشہ سے سب کچھ جاننے والا) ہمہ دانی اور تمام طاقتور (قادر مطلق) رہا ہے۔ وہ سب کچھ پورا کرے گا جو اس نے منصوبہ بنایا ہے۔

اس سے ایک اہم سوال پیدا ہوتا ہے۔

کیا خدا کبھی اپنا دماغ بدلتا ہے؟

اگر خُدا اپنے وجود اور اُس کے مقاصد میں ناقابل تغیر (بے بدل) ہے، تو اُن واقعات کے بارے میں کیا خیال ہے جہاں ہم خُدا کے بارے میں پچھتاوا (ندامت) یا بصورت دیگر اپنا ذہن بدلتے ہوئے پڑھتے ہیں؟

> **پیدائش باب 6، آیت 6** – *خداوند کو بہت افسوس ہوا کہ اس نے لوگوں کو زمین پر پیدا کیا تھا۔ اس کی وجہ سے اس کے دِل میں بہت دُکھ ہوا۔*

1 سموئیل باب 15، آیت 11الف – خداوند نے کہا، "ساؤل نے میرے کہنے پر عمل کرنا چھو ڑدیا۔ اس لئے میں رنجیدہ ہوں کہ میں نے اس کو بادشاہ بنا یا۔ میں جو کچھ اسکو کہتا ہوں وہ نہیں کر رہا ہے۔"

ایسی مختلف مثالیں بھی ہیں جہاں خدا نے فیصلے کی دھمکی دی، اور چونکہ لوگوں نے دعا کی اور بعض صورتوں میں، اپنے طریقے بھی بدل لیے[36]، اس لیے اس نے رحم کیا اور وعدہ کیا ہوا فیصلہ نہیں لایا۔ مثالوں میں درج ذیل شامل ہیں، لیکن ان تک محدود نہیں ہیں:

a. موسیٰ نے خدا کو اسرائیل کے لوگوں کو تباہ کرنے سے روکنے کے لیے دعا میں کامیابی کے ساتھ شفاعت کی ۔ (خروج باب 32، آیات 9 تا 14) کیونکہ بنی اسرائیل "یہ بڑے ضدّی لوگ تھے" (آیت 9)، خُدا نے "تباہ کر نے دو" کی طلب کیا (آیت 10)۔ چنانچہ، "موسیٰ نے خداوند اپنے خدا کو مطمئن کیا "(آیت 11)۔ اس کی شفاعت کے نتیجے میں، "خداوند نے اس کے با رے میں نر می برتی جو کہ اُ س نے کہا کہ وہ کر ے گا۔ اور اس نے لوگوں کو تبا ہ نہیں کیا.(آیت 14)"۔

b. خُدا نے حزقیاہ کی زندگی میں پندرہ سال کا اضافہ کیا (اشعیا باب 38، آیات 1 تا 6)۔ جب ''حزقیاہ ایسا بیمار پڑا کہ مرنے کے قریب ہو گیا''، خُدا نے یسعیاہ کو بھیجا کہ وہ اسے کہے کہ وہ اپنے ''خاندان والے کیا کریں گے یہ تجھے انہیں بتا دینا چاہئے'' کیونکہ وہ ''مرنے کے قریب ہو گیا (آیت 1)''۔ جب حزقیاہ نے یہ سنا تو اس نے "خدا وند سے دعا کی (آیت 2)" ۔ اُس کے مخلص رونے سے متاثر ہو کر، خُدا نے، یسعیاہ کے ذریعے، حزقیاہ سے کہا، "میں نے تیری دعا سنی ہے اور تیرے دکھ بھرے آنسو دیکھے ہیں۔ اور اس لئے میں تیری زندگی میں پندرہ سال اور جوڑ رہا ہوں (آیت 5)"۔

ہم ان مثالوں کو صحیفوں کے ساتھ کیسے ملاتے ہیں جیسے کہ ذیل میں (پہلے درج کئی کے علاوہ) جو خدا کی نہ بدلنے والی فطرت کی تصدیق کرتے ہیں؟

گنتی باب 23، آیت 19 – خدا انسان نہیں ہے۔ وہ جھوٹ نہیں کہے گا۔ خدا انسان کا بیٹا نہیں اگر خدا وند کہتا ہے کہ وہ کچھ کرے گا تو ضرور کریگا۔ اگر خدا وند وعدہ کرتا ہے اے تو اپنے وعدے کو ضرور پورا کرے گا۔

1 سموئیل باب 15، آیت 29 – *اس کے علاوہ اسرائیل کا خداوند جو ابدلآباد ہے نہ کبھی دھو کہ دیتا ہے اور نہ کبھی اپنا ذہن بدلتا ہے وہ انسان نہیں ہے کہ وہ اپنا ذہن بدلے۔*

کئی سوال اٹھتے ہیں۔ اگر خدا میں کوئی تبدیلی تھی، تو کیا یہ ان اقتباسات سے متصادم نہیں ہوگی جو اس کی نہ بدلنے والی فطرت کی تصدیق کرتی ہیں؟ کیا اس کا مطلب یہ ہے کہ خدا اپنے مقاصد کو پورا کرنے کے لیے نہ بدلنے والا یا طاقتور نہیں ہے؟ چونکہ اس مسئلے نے کچھ لوگوں کو الجھا دیا ہے، اس لیے اس موضوع کو حل کرنا بہت ضروری ہے، چاہے مختصراً ہی کیوں نہ ہو۔

وین گروڈیم، اپنی کتاب، بائبل دوکتورین، یہ مفید وضاحت پیش کرتا ہے:

ان تمام واقعات کو خدا کے موجودہ رویہ یا ارادے کے حقیقی اظہار کے طور پر اس صورت حال کے حوالے سے سمجھا جانا چاہیے جیسا کہ اس وقت موجود ہے۔ حالات بدلیں گے، تو یقیناً خدا کا رویہ یا اظہارِ ارادہ بھی بدل جائے گا۔ یہ صرف یہ کہہ رہا ہے کہ

صفت 12: خدا کی نہ بدلنے والی فطرت

خدا مختلف حالات میں مختلف طریقے سے جواب دیتا ہے۔

دوسرے لفظوں میں، ایک نہ بدلنے والا خدا اکثر بدلتے ہوئے لوگوں کے ساتھ اپنے معاملات کو اس کی مختلف صفات کے مطابق بدلتا ہے جو اس کی محبت اور رحمت کے بارے میں بتاتی ہیں۔ رولینڈ میک کیو کے تبصرے اس مسئلے پر ایک بار پھر مددگار ہیں:

بے بدلی کا مطلب غیر متحرک نہیں ہے۔ اس کے بجائے، خُدا کا نہ بدلنے والا رویہ، خاص طور پر گناہ کے سلسلے میں، برائی اور آزاد اخلاقی ایجنٹوں کی موجودگی کا مطلب ہے کہ خُدا کے معاملات بدل جاتے ہیں۔ یعنی لوگوں کے ساتھ سلوک کرنے کا انداز بدل جاتا ہے؛ جب انسان اس کے ساتھ ایک مختلف اخلاقی تعلق میں منتقل ہوتا ہے تو خدا رُخ کو تبدیل کرتا ہے۔

اس کے بارے میں سوچو۔ اگر خدا نے مختلف طریقے سے جواب نہیں دیا جب لوگ مختلف طریقے سے کام کرتے ہیں، تو ہمارے اعمال، جیسے دعا یا ہمارے طریقے بدلنے سے خدا کو کوئی فرق نہیں پڑے گا۔

لیکن ہم پہلے ہی دیکھ چکے ہیں کہ کس طرح موسیٰ اور حزقیاہ کی دعاؤں نے خُدا کے اعمال کو بدل دیا کیونکہ وہ ابھی تک اُس کے خود مختار مقاصد کے مطابق تھے۔ آئیے دیکھتے ہیں کہ کس طرح لوگوں کے اعمال کی وجہ سے خُدا نے اُن کے ساتھ اپنے برتاؤ کو "تبدیل" کیا، ایک مثال کو دیکھ کر – نینوا کے باشندے، جن کے پاس خُدا نے یونس کو بھیجا تھا۔

نینوا کے لوگوں کی برائی کو دیکھ کر، خُدا نے یونس کو اپنے فیصلے کا اعلان کرنے کے لیے بھیجا: ''نینوہ ایک بڑا شہر ہے۔ وہاں کے لوگ بُرے کام کر رہے ہیں، ان میں سے بہت سی شرارتوں کے بارے میں میں نے سنا ہے۔ اسرائیل تو اس شہر میں جا اور وہاں کے لوگوں کو بتا کہ وہ ان برے کاموں کو کرنا چھوڑ دیں۔'' (یونس باب 1، آیت 2)۔ اور پیغام یہ تھا، ''چالیس دن بعد نینوہ تباہ ہو جائے گا'' (یونس باب 3، آیت 4)۔ اگرچہ کوئی واضح حوالہ نہیں تھا کہ خدا اپنے فیصلے کو روک دے گا اگر وہ توبہ کریں گے، یہ واضح تھا کہ اگر وہ اپنے طریقے بدلتے ہیں، تو خدا مطلوبہ فیصلہ نہیں لائے گا۔ نینوا کے بادشاہ نے اسے سمجھا، اور اسی لیے اس نے یہ فرمان سنایا:

یونس باب 3، آیات 7 تا 9 ۔*تھوڑے وقت کے لئے کوئی انسان یا حیوان کچھ نہ کھائے گا۔مویشی کا جھنڈ یا بھیڑوں کا ریوڑ کھیت میں نہ جائے گا۔ نینوہ کے رہنے والے نہ کچھ کھائے گا اور نہ پانی پئے گا۔ لیکن انسان اور حیوان ٹاٹ سے ملبّس ہوں اور خدا کے حضور گریہ وزاری کریں بلکہ ہر شخص اپنی زندگی کے برے راستے کو بدلے اور اپنی بُری روش اور اپنے ہاتھ کے ظلم سے باز آئے۔ تب ہو سکتا ہے کہ خدا رحم کرے اور اس نے جو منصوبہ بنا یا ہے۔ویسا نہ کرے اور اپنے قہر شدید سے باز آئے اور ہم فنا نہ ہوں۔*

بادشاہ سمجھ گیا کہ خُدا کی وارننگ بھیجنے کا مقصد یہی تھا کہ وہ توبہ کریں اور اس طرح فیصلے سے بچیں۔ اور بالکل ایسا ہی ہوا: ’’لوگوں نے جو باتیں کی تھیں انہیں خدا نے سنا۔ خدا نے دیکھا کہ لوگوں نے بُرے کام کرنا بند کر دیا ہے۔اسلئے خدا نے اپنا ارادہ بدل لیا اور جیسا کر نے کا اس نے منصوبہ بنا یا تھا، ویسا نہیں کیا۔ خدا نے لوگوں کو سزا نہیں دی‘‘ (یونس باب 3، آیت 10)۔ درحقیقت، یونس کے اپنے الفاظ اس بات کی تصدیق کرتے ہیں کہ وہ واقعات کے اس موڑ سے واقف تھا: "اس نے خداوند سے شکایت کر تے

ہو ئے کہا، "میں جانتا تھا کہ ایسا ہی ہو گا! میں تو اپنے ملک میں تھا۔ اور تو نے ہی مجھ سے یہاں آنے کو کہا تھا۔ اسی وقت سے مجھے یہ پتا تھا کہ تو اس گنہگار شہر کے لوگوں کو معاف کر دیگا۔ میں نے اس لئے ترسیس بھاگ جانے کی سو چی تھی۔ میں جانتا تھا کہ تو رحیم و کریم خدا ہے اور لوگوں کو سزا دینا نہیں چا ہتا، مجھے *پتا تھا* کہ تو شفقت میں غنی ہے اور عذاب نازل کرنے سے باز رہتا ہے" (یونس باب 4، آیت 2)۔

ایک سب کچھ جاننے والا خدا جو ماضی، حال اور مستقبل سب چیزوں کو جانتا ہے جب لوگ رویے میں تبدیلی کا مظاہرہ کرتے ہیں یا مستعدی سے دعا کرتے ہیں تو کبھی حیرانی نہیں ہوتی۔ ایک خودمختار، محبت کرنے والا، اور تمام حکیم خدا نے انسانی رویے میں ہونے والی ان تبدیلیوں کو بھی اپنے ابدی منصوبوں میں شامل کیا ہے، جس کی وجہ سے وہ اپنے فیصلے کو روکتا ہے۔

اگر آپ ہوا میں سائیکل چلا رہے تھے، تو رک گئے اور مڑ گئے، آپ کو لگتا ہے کہ ہوا بدل گئی ہے کیونکہ یہ آپ کی رکاوٹ کے بجایے آپ کی مدد کر رہی ہے۔ حقیقت میں، یہ تبدیل نہیں ہوا۔ تم نے تبدیلی کی۔

حزقی ایل نبی کے ذریعے، خُدا ہمیں بتاتا ہے کہ جب غلط راستے پر جانے والے لوگ خُدا کی تنبیہات پر دھیان دے کر خُدا کی راہ کی طرف مُڑ جاتے ہیں، تو وہ خُدا کے غضب کے زیرِ اثر رہنے کی جگہ سے اُس کی حفاظت کے اچھے ہاتھ کے نیچے کی طرف بڑھتے ہیں۔

> **حزقی ایل باب 18، آیات 21 تا 23** – *ان حالات میں اگر کوئی برا شخص اپنی زندگی تبدیل کرتا ہے تو وہ یقیناً زندہ رہے گا۔ اور وہ مرے گا نہیں۔ وہ شخص اپنے کئے ہوئے گناہوں کو پھر کرنا چھوڑ سکتا ہے۔ وہ بہت احتیاط سے میرے سبھی احکام پر چلنا شروع کر سکتا ہے۔ وہ منصف اور بھلا ہوسکتا ہے۔ خدا اسکے ان سبھی گناہوں کو یاد نہیں رکھے گا جنہیں اس نے کئے۔ خدا صرف اس کی بھلائی کو یاد کرے گا۔ اس لئے وہ شخص زندہ رہے گا۔ میرا مالک خدا وند کہتا ہے، میں برے لوگوں کو مرنے دینا نہیں چاہتا، میں چاہتا ہوں کہ وہ اپنی زندگی کو بدلیں، جس سے وہ زندہ رہ سکیں۔*

سیدھے الفاظ میں، یہ گویا خدا نے وعدہ کیا ہے کہ اگر لوگ توبہ کریں، تو وہ ان پر فیصلہ کرنے سے باز آجائے گا۔ اگر وہ توبہ نہیں کرتے تو وہ ان پر اپنا

غضب نازل کرنے سے باز نہیں آئے گا۔ فطرت کے مطابق، بائبل کا خدا لوگوں کو ابدی جہنم میں ڈالنے سے خوش نہیں ہوتا ہے۔ اس کے برعکس، وہ ان کے گناہ کو معاف کرنے اور رحم کرنے میں خوش ہوتا ہے (میکاہ باب 7، آیت 18) اگر وہ اپنی راہیں بدل لیں اور سچے دل سے اسے ڈھونڈیں۔ یہ حقیقت پہلے سے ہی خدا کے طے شدہ منصوبے اور مقصد میں بنی ہوئی ہے۔ لہٰذا، ایسا نہیں ہے کہ وہ اپنا ذہن بدلتا ہے۔ جب لوگ اپنے طریقے بدلتے ہیں، بجائے اس کے کہ اس کے غضب کا سامنا کریں، وہ اس کی رحمت حاصل کرتے ہیں۔

جان میک آرتھر نے خُدا کے ذہن کو بدلنے کے اس مسئلے کا خلاصہ اس طرح کیا ہے:

جس طرح سے ایک شخص خدا کے سامنے کھڑا ہوتا ہے اس کا حکم دیتا ہے کہ اس کے ساتھ کیا ہوتا ہے۔ آپ سورج کو موم پگھلنے اور مٹی کو سخت کرنے کا الزام نہیں دے سکتے۔ مسئلہ ان اشیاء کے مادہ میں ہے، سورج کا نہیں۔ خدا کبھی نہیں بدلتا۔ وہ نیکی کا انعام اور برائی کو سزا دیتا رہے گا۔

تو پھر خدا کی نہ بدلنے والی فطرت کے کیا مضمرات ہیں؟

مضمرات #1۔ اسے ماننے والوں کے لیے سکون لانا چاہیے۔

خدا کی نہ بدلنے والی فطرت مومن کے لیے اس کی دیگر صفات میں سے ایک انتہائی ضروری لیکن تسلی بخش صفت ہے، خاص طور پر جب ہم اسے انسانوں کی چست فطرت سے متصادم کرتے ہیں۔ کتنی جلدی، صرف پانچ دن بعد، وہ ہجوم جس نے خُداوند یسوع کا استقبال "تعریف و بڑائی کرو... حمد و ثنا کرو" (متی باب 21، آیت 9) کے نعروں کے ساتھ کیا، "اس کو صلیب پر چڑھا دو" کے نعروں میں تبدیلی کی(متی باب 27، آیت 22ب)! ہمارے پاس تمام تجربہ کار دوست، خاندان کے اراکین، ساتھی کارکن، یا پڑوسی ہیں جو ہمیں مایوس کرتے ہیں۔ اس معاملے کے لیے، افسوس کی بات ہے کہ ہم دوسروں کو بھی نیچا دکھاتے ہیں۔ لیکن خُدا، چٹان ہونے کے ناطے، نہ صرف اپنے وجود میں بلکہ اپنے مقاصد میں بھی بے بدل رہتا ہے۔ اور اُس کے مقاصد میں سے ایک اُن تمام لوگوں کو جو اُس پر بھروسہ کرتے ہیں یسوع میں اپنے ایمان کو آخر تک محفوظ رکھنا شامل ہے!

پولس فلپیوں باب 1، آیت 6 میں اس یقین دہانی کے
بارے میں کہتا ہے، ''خدا نے تمہارے بیچ نیک سلوک
شروع کیا اور وہ اس کام کو اس وقت مکمل کریگا
جب کہ یسوع مسیح پھر آکر اسے پورا کریں گے اور
مجھے اسکا یقین ہے۔'' وہ ہم سے وعدہ کرتا ہے کہ
''خدا کی جو محبت ہمارے خداوند یسوع مسیح میں
ہے اس سے ہم کو کو ئی بھی چیز جدا نہ کر سکے
گی''(رومیوں باب 8، آیت 39ب)۔ یسوع خود ان تمام
لوگوں کو یقین دلاتا ہے جو اس کے ہیں ان تسلی بخش
الفاظ کے ساتھ، "میں اپنی بھیڑوں کو ہمیشہ کی زندگی
بخشتا ہوں اور وہ کبھی بھی ہلاک نہیں ہونگی اور کو
ئی بھی انہیں مجھ سے نہیں چھین سکتا'' (یوحنا باب
10، آیت 28)۔ اور گویا یہ کافی نہیں ہے، وہ ہمیں یہ
یقین دلانے کے لیے بھی چلا گیا کہ کس طرح باپ کا
بھی ہمیں آخری دم تک محفوظ رکھنے میں وہی عزم
ہے: ''کو ئی بھی آدمی میرے باپ کے ہاتھوں سے
انہیں نہیں چھین سکتا'' (یوحنا باب 10، آیت 29ب)۔

خدا کی نہ بدلنے والی فطرت ان اور بہت سے
دوسرے وعدوں کی تکمیل کی ضمانت دیتی ہے،
جیسے کہ یسوع کا جلال میں آنا (متی باب 25، آیت
31)، ایک نئے آسمان اور ایک نئی زمین کی تخلیق
(اشعیا باب 65، آیت 17؛ مکاشفہ باب 21، آیت 1)،

ہماری تمام آنسو کو مٹانا، موت کا خاتمہ، ماتم، رونا اور درد ہمیشہ کے لیے خاتمہ (مکاشفہ باب 21، آیت 4)۔ اور یہی وجہ ہے کہ جب زندگی کے طوفان ہمیں ٹکراتے ہیں (اور وہ کریں گے)، ہم بائبل کے خدا، غیر منقولہ اور غیر تبدیل ہونے والی چٹان پر بھروسہ کر سکتے ہیں، جو ہمارے غیر متزلزل بھروسے کے بالکل لائق ہے۔

اس کے وعدوں میں سے ایک بھی ناکام نہیں ہوگا کیونکہ وہ ایک خدا ہے جو ''خدا جھوٹ نہیں کہتا'' (ططس باب 1، آیت 2)۔ خدا کی نہ بدلنے والی فطرت کو سمجھنے سے ہمیں اعتماد کے ساتھ دعا کرنے میں بھی مدد ملتی ہے، یہ جانتے ہوئے کہ وہ ہماری زندگیوں کے لیے اپنے تمام اچھے اور شاندار مقاصد کو پورا کرے گا، اور ہم آخری دم تک اعتماد کے ساتھ جاری رکھ سکتے ہیں۔ اسرائیل کے ساتھ اس کا وعدہ (اور اس کے تمام بچوں تک توسیع کے ذریعہ) اب بھی قائم ہے، اور کتنا سکون ملتا ہے جب ہم پورے دل سے خدا کی بے بدل فطرت کے بارے میں سچائی کو قبول کرتے ہیں:

یسعیاہ باب 54، آیت 10 – خداوند فرماتا ہے، ''پہاڑ کھسک سکتا ہے، پہاڑی ہل سکتی ہے، لیکن میری شفقت ہمیشہ تیرے ساتھ رہے گی۔

تیرے ساتھ میرا سلامتی کا معاہدہ نہیں ٹلیگا۔ خداوند جو تجھ پر رحم ظا ہر کر تا ہے یہ باتیں کہتا ہے۔

مضمرات #2۔ اسے کافروں کے لیے دہشت لانا چاہیے۔

پیاس بجھانے اور زندگی بخشنے والا پانی جب آتا ہے تو زندگیوں کو بھی تباہ کر سکتا ہے۔ اسی طرح خُدا کی بے بدل فطرت بھی ہے جو اُن لوگوں کو تسلی دیتی ہے جو یسوع `پر ایمان کے ذریعے اُس کے بچے ہیں لیکن بالکل اُلٹا ردعمل پیدا کرتا ہے، جو کہ دہشت ہے، اُن لوگوں کے لیے جو ابھی تک اُس سے دور ہیں۔ کیوں؟ گناہ کے بارے میں اس کا رویہ بدستور برقرار ہے کیونکہ خُدا پاک، انصاف پسند اور غضبناک ہے۔ وہ گناہ کی سزا دینے سے باز نہیں آ سکتا اور نہ ہی منتقل کیا جائے گا۔

نوح کے زمانے میں آنے والا سیلاب، جہاں نوح اور ان کے خاندان کے علاوہ پوری نسل انسانی کو تباہ کر دیا گیا، سدوم اور عمورہ کا جل جانا، بحیرہ احمر میں فرعون کی فوجوں کا غرق ہونا، اور 70 عیسوی میں یروشلم کی تباہی چند ایک مثالیں ہیں جو ہمیں یاد

دلانے کے لیے دیے گیے ہیں کہ خُدا ہمیشہ گناہ سے نفرت کرے گا اور اُس وقت عدالت لائے گا جب لوگ بدستور توبہ نہیں کرتے۔

خُدا نے گناہ کے بارے میں اپنا خیال نہیں بدلا۔ اور وہ مستقبل میں بھی نہیں بدلے گا! ایک مقدس خُدا جو گناہ کو پسندیدگی سے نہیں دیکھ سکتا (حبقوک باب 1، آیت 13) ان سب کا فیصلہ نہیں کر سکتا جنہوں نے اسے جلال دینے سے انکار کیا ہے (رومیوں باب 3، آیت 23)۔ وہ اپنا ارادہ نہیں بدلے گا چاہے وہ قیامت کے دن کتنا ہی روئیں۔ اس نے اپنے تمام دشمنوں کے خلاف انتقام کا وعدہ کیا ہے جو اس کی شرائط پر اس کے پاس آنے سے انکار کرتے ہیں۔ درج ذیل صحیفے اس حقیقت کی تصدیق کرتے ہیں:

استثنا باب 32، آیات 40 تا 42 – میں آسمان کی طرف اپنا ہاتھ اٹھا کر اعلان کرتا ہوں: میں اپنی زندگی کی قسم کھا تا ہوں، یہ باتیں ہوں گی۔ میں اپنی بجلی کی تلوار کو تیز کروں گا اس کو دشمنوں کو سزا دینے کیلئے استعمال کروں گا۔ میں انکو اس سے ایسی سزا دو ں گا جس کے وہ مستحق ہیں۔ میرے دشمن ما رے جا ئیں گے انہیں قید کئے جا ئیں گے۔ اپنے تیروں کو مارے گئے اور گرفتار کئے گئے

کے خون سے نشہ آور کروں گا۔ ہم لوگوں کی
تلواریں دشمنوں کے قائدین کے سروں کا
گوشت کھا ئیں گی۔

حزقی ایل باب 8، آیت 18 – میں ان پر اپنا
غضب ظاہر کرو ں گا۔ میں ان پر کو ئی رحم
نہیں کروں گا۔میں ان کے لئے دکھ کا احساس
نہیں کروں گا۔ وہ مجھے زور سے پکا ریں
گے۔ لیکن میں ان کو سننے سے انکار کردوں
گا۔

متی باب 13، آیات41 تا 43 – ابن آدم اپنے
فرشتوں کو بھیجے گا۔اور اس کے فرشتے گنا
ہوں میں ملوث برے اور شر پسند لو گوں کو
جمع کریں گے۔ اور وہ انکو اس کی بادشاہت
سے باہر نکال دیں گے۔ فرشتے ان لوگوں کو
آ گ میں پھینک دیں گے۔اور وہاں وہ تکلیف
سے رو تے ہوئے اپنے دانتوں کو پیستے رہیں
گے۔ تب اچھے لوگ سورج کی مانند چمکیں
گے۔ وہ اپنے باپ کی بادشا ہی میں ہوں گے۔
میری باتوں پر توجہ دینے والے لوگو غور
سے سنو۔

2 تھسلنیکیوں باب 1،آیات 6 تا 9 – *خدا وہی کرے گا جو صحیح ہے وہ ان لوگوں کو تکلیف پہنچاتا ہے جو تمہیں تکلیف دیتے ہیں۔ خدا ان لوگوں کو سلامتی دے گا جو تکلیفیں اٹھا رہے ہیں وہ سلامتی ہمیں بھی دیگا۔ اور خدا یہ سلامتی اس وقت دے گا جب خداوند یسوع آسمان سے اپنے طاقتور فرشتوں کے ساتھ ظا ہر ہوگا۔ جب یسوع آسمان سے دہکتے ہو ئے شعلوں کے ساتھ ظاہر ہوں تو ان لوگوں کو بھی جو خدا کو نہیں جانتے اور ان کو بھی جو ہمارے خدا وند یسوع کی انجیل کی اطا عت نہیں کرتے سزا دے گا۔ انہیں ہمیشہ تباہی کی سزا دی جائے گی اور انہیں خداوند کے ساتھ رہنے کا موقع نہیں ملے گا اور انہیں اس کی شاندار طاقت کے سامنے سے ایک طرف دھکیل دیا جائے گا۔*

آنے والے فیصلے کے ان تمام وعدوں کو دیکھتے ہوئے (اور صرف مٹھی بھر آیات اوپر درج ہیں)، پیارے قارئین، جو ابھی تک خدا سے بہت دور ہیں، آپ کو کیا کرنا چاہیے؟ آپ کو اس سے پوچھنا چاہیے کہ وہ آپ کی آنکھیں کھولے یہ دیکھنے کے لیے کہ آپ واقعی اس کی نظر میں گنہگار ہیں۔ یہ سمجھ لیں

کہ یہ خدا جو آپ کی نافرمانی کے باوجود آپ کو کھانے کو کھانا دیتا ہے اور لطف اندوز ہونے کے لیے بہت سی دوسری خوش گوار چیزیں دیتا ہے ایک دن آپ کے خلاف ہو جائے گا اور اس کے غضب میں آ جائیں گے اگر آپ اسے مسترد کرتے رہیں گے اور اپنا طرزِ زندگی چنتے رہیں گے۔

اس لیے آپ کو یہ تسلیم کرنے میں مدد کرنے کے لیے اس سے التجا کرنی چاہیے کہ آپ ایک گنہگار ہیں جس نے اس کے مقدس احکامات کو نظر انداز کر کے اس کے خلاف بغاوت کی ہے۔ آپ کو ایسے طرز زندگی سے رجوع کرنے اور معافی کو قبول کرنے کے لیے تیار ہونا چاہیے جو وہ اپنے بیٹے، یسوع کے ذریعے پیش کرتا ہے۔ یسوع نے کامل زندگی گزاری جو کوئی بھی نہیں جی سکتا، یہاں تک کہ ایک سیکنڈ کے لیے بھی نہیں۔ وہ ہمارے گناہوں کے لیے صلیب پر مر گیا، اور خُدا نے اُسے تیسرے دن زندہ کیا، یہ ظاہر کرتے ہوئے کہ اُس نے ہمارے گناہوں کی ادائیگی قبول کر لی ہے۔ اور اکیلے یسوع پر بھروسہ کرنے سے، آپ اپنے تمام گناہوں کو معاف کر سکتے ہیں۔ آپ روح القدس حاصل کر سکتے ہیں۔ آپ خدا کے سامنے صحیح کھڑے ہو سکتے ہیں۔ اس

آنے والے شدید اور آخری فیصلے سے بچنے کا یہی واحد راستہ ہے۔

اور اگر، خُدا کے فضل سے، آپ ایسا کرنے کے قابل ہیں، تو، دہشت کی بجائے، آپ کو سکون بھی ملے گا کیونکہ آپ اس عظیم اور شاندار خُدا اور خُداوند یسوع مسیح کے باپ کی نہ بدلنے والی فطرت پر غور کریں گے۔ پلیز دیر نہ کریں۔ جیسے ہو آجاوٗ۔ اپنے گھٹنے بادشاہ یسوع کے سامنے جھکائیں۔ اپنے تمام گناہوں کو اُس کے خون میں دھو ڈالیں۔ نئی زندگی حاصل کریں۔ اس کی روح القدس حاصل کریں۔ ایک نئی شروعات کا تجربہ کریں جس پر آپ کو ہمیشہ کے لیے پچھتاوا نہیں ہوگا!

بحث کے سوالات----------------------------------

1. اس باب نے خدا کی نہ بدلنے والی فطرت کے بارے میں آپ کے نظریہ کو کیسے متاثر کیا ہے؟

2. خدا کی اس صفت کی روشنی میں آپ زندگی میں کیا تبدیلیاں لا سکتے ہیں؟

3. خدا کی یہ صفت آپ کی دعاؤں پر کیسے اثر انداز ہوتی ہے؟

4. خدا کی یہ صفت آپ کی بشارت پر کیسے اثر انداز ہوتی ہے؟

مراقبہ / حفظ کے لئے صحیفہ کی آیت --------

ملاکی باب 3، آیت 6 – کیوں کہ میں خداوند ہوں اور میں بدلتا نہیں تم اب بھی یعقوب کی اولاد ہو اور تم تباہ نہیں کئے گئے ہو۔

دعا ---

باپ، ایک مسلسل بدلتی ہوئی دنیا میں، یہ جان کر بہت سکون ملتا ہے کہ آپ اپنی فطرت اور اپنے مقاصد میں کوئی تبدیلی نہیں کر رہے ہیں۔ اکثر، میں یہ بھول جاتا ہوں اور شک اور حوصلہ شکنی میں پڑ جاتا ہوں۔ میرے اس گناہ کو معاف فرما۔ براہ کرم مجھے آپ پر بھروسہ کرنے میں مدد کریں یہاں تک کہ جب چیزیں ٹوٹتی نظر آئیں اور مستقبل کے بارے میں پریشان کیے بغیر آپ کی موجودگی میں آرام کروں۔ براہ کرم مجھے یاد دلاتے رہیں کہ آپ کے تمام اچھے وعدے

مسیح، میرے رب، میں پورے ہوئے ہیں جو مجھے ایک دن محفوظ طریقے سے گھر لے جائے گا۔ آمین!

اختتام

شکریہ

اگر آپ یہاں تک پہنچے ہیں، تو میں اس کتاب کو پڑھنے کے لیے آپ کی رضامندی کے لیے آپ کا بہت شکریہ ادا کرنا چاہتا ہوں۔ میں حقیقی طور پر امید کرتا ہوں کہ آپ کے دل کی حوصلہ افزائی ہوئی ہے اور آپ خدا کے بارے میں اعلیٰ نظریہ رکھتے ہیں۔

میں آپ کو ایک عملی مشورہ دینا چاہوں گا جب خدا کی صفات کو مسلسل آپ کے سامنے رکھنے کی بات آتی ہے۔ شاید آپ نے ACTS کا مخفف سنا ہوگا جب یہ دعا کی بات آتی ہے۔ اگر نہیں، تو یہ یہاں ہے:

• **(A)** احترام – خدا کو اس کی ایک یا زیادہ صفات کے لحاظ سے تسلیم کرنا۔

• **(C)** اعتراف – خدا کے سامنے اپنے گناہوں کا اعتراف کرنا اور معافی مانگنا۔

• **(T)** شکر گزاری – اپنی زندگی اور دوسروں کی زندگی میں خدا کی نعمتوں کے لیے شکر گزاری کرنا۔

• **(S)** التجا – دوسروں کی اور آپ کی ضرورتوں کی طرف سے خدا سے درخواست کرنا۔

یہ وہ حصہ **A** ہے جسے میں آپ کو استعمال کرنے کی ترغیب دینا چاہتا ہوں تاکہ آپ کے ذہن میں خدا کی صفات ہمیشہ تازہ رہیں۔ اس کتاب میں درج مختلف صفات اور دیگر صفات کو دیکھیں جو بائبل میں دی گئی ہیں اور ان میں سے ہر ایک کے لیے خدا کی تعریف کریں۔ اس طرح، آپ مسلسل یہ سوچتے رہیں گے کہ خدا کون ہے بلکہ اس وصف کے مطابق زندگی گزارنے کے لیے حوصلہ افزائی بھی کی جائے گی۔

مثال کے طور پر خدا کی پاکیزگی کو لے لیں۔ اگر آپ اس پر غور کرنا چاہتے ہیں تو آپ ان خطوط پر کچھ دعا کر سکتے ہیں:

باپ، میں جانتا ہوں کہ آپ مقدس ہیں۔ تجھ جیسا کوئی نہیں، تقدس میں عظمت والا۔ میرے جیسے گنہگار کو بچانے کے لیے آپ کا شکریہ۔ تیری طرح پاک بننے میں میری مدد کریں۔

اختتام

ایک اور اس کی وفاداری ہو سکتی ہے۔ آپ کچھ اس طرح دعا کر سکتے ہیں:

باپ، آپ ہمیشہ کے لیے ایک وفادار خُدا ہیں۔ بائبل آپ کے بچوں کے لیے آپ کی وفاداری کی ایک کے بعد ایک مثال پیش کرتی ہے۔ میں نے ماضی میں کئی بار خود اس کا مزہ چکھا ہے۔ ابھی، یہ آزمائشیں مجھے دبا رہی ہیں اور میں بہت حوصلہ شکن ہوں۔ میرا ایمان کمزور ہے۔ براہِ کرم مجھے اپنی وفاداری پر بھروسہ کرنے میں مدد کریں۔ مجھے یقین کرنے میں مدد کریں کہ آپ جلد ہی نجات دلائیں گے یا مجھے اپنی آزمائشوں سے گزرنے کے لیے مزید فضل عطا فرمائیں گے۔

اس حقیقت کے بارے میں کہ خدا تمام حکمت والا ہے، آپ ان الفاظ کو دعا کرنے پر غور کر سکتے ہیں:

باپ، میں جانتا ہوں کہ آپ ایک تمام حکیم خدا ہیں۔ تو نے اپنی حکمت سے یہ ساری کائنات بنائی۔ تم سب کچھ جانتے ہو؛ میں نہیں۔ ابھی، میں اس بات سے جدو جہد کر رہا ہوں کہ اس خاص معاملے کے حوالے

سے کس راستے پر جانا ہے۔ میں صرف نہیں جانتا کہ کیا کرنا ہے۔ لیکن میں حکمت کے لیے تیری طرف دیکھ رہا ہوں۔ آپ نے ان تمام لوگوں کو حکمت دینے کا وعدہ کیا ہے جو آپ کو خلوص سے تلاش کرتے ہیں۔ تو، میں آ رہا ہوں۔ میری مدد کریں تاکہ میں صحیح انتخاب کر کے آپ کی تسبیح کر سکوں، خواہ اس کا مطلب یہ مشکل ہی کیوں نہ ہو۔ مجھے یقین کرنے میں مدد کریں کہ آپ کی مرضی ہمیشہ میرے لئے بہترین ہے اور مجھے میری اپنی حکمت اور سمجھ پر تکیہ کرنے سے بچائیں۔

اپنی دعاؤں کو خُدا کی صفات کے ساتھ شروع کرنے سے، ہم نہ صرف خُدا کو اوّلیت دیتے ہیں، بلکہ اُس کے بارے میں اپنے علم میں مزید اضافہ کا تجربہ بھی کریں گے، یوں اُس کے لیے زیادہ محبت ہو تی ہے۔

نوٹ: آپ اس عادت کو بڑھانے میں مدد کے لیے اس کتاب میں ہر صفت کے آخر میں نمونہ دعائیں بھی استعمال کر سکتے ہیں۔

مصنف کے بارے میں

میں ایک گنہگار ہوں جو صرف خُداوند یسوع مسیح کے فضل کی وجہ سے بچایا گیا ہے۔ میں ایک آرتھوڈوکس ہندو برہمن (ہندوستانی) پس منظر سے آیا ہوں۔ خُداوند نے مجھے بنیادی طور پر ایک عیسائی دوست، وجے، ایک سابق ہندو جو یسوع مسیح میں تبدیل ہو گیا تھا، کی محبت، وفاداری اور مسلسل گواہی کے ذریعے بچایا گیا تھا اور بائبل، جوایک نامعلوم شخص نے میری دہلیز پر رکھاجب مین ٹیکساس امریکہ میں تعلیم حاصل کر رہا تھا، کے پڑھنے کے ذریعے بچایا گیا تھا۔ یوحنا باب 10، آیت 11 میں یسوع مسیح کے الفاظ، "میں ایک اچھا چرواہا ہوں اور اچھا چرواہا اپنی بھیڑوں کے لئے اپنی زندگی دیتا ہے"۔ صحیفے کا ایک کلیدی حوالہ تھا جس نے اس باغی گنہگار کو مہربان چرواہے اور نجات دہندہ، خُداوند یسوع مسیح کے بچانے والے علم میں لانے کے لیے گہرا اثر ڈالا۔

میں خوش قسمت ہوں کہ میں نے گیتا سے شادی کی اور میرے دو بچے، پال اور پریتھی، ہیں۔ سب، خُدا کے فضل سے مومن ہیں۔ مجھے ونڈسر، اونٹاریو میں گریس بائبل عبادت گاہ کے پادری کے طور پر خدمت

— 253 —

مصنف کے بارے میں

کرنے کا بھی بڑا اعزاز حاصل ہے، جب سے 2003 میں اس کی بنیاد رکھی گئی تھی۔ وہ محبت کرنے والے بھائیوں اور بہنوں کا اتنا خاص گروہ ہے۔ درحقیقت، ان کی خدمت کرنا خوشی کی بات ہے۔۔

میرے اور بلاگ/کتاب کے بارے میں مزید تفصیلات www.gbc-windsor.org اور www.biblebasedhope.com پر مل سکتی ہیں۔ اگر آپ مجھ سے براہ راست رابطہ کرنا چاہتے ہیں تو براہ کرم مجھے Rk2serve@yahoo.com پر ای میل کریں۔

اس کتاب کا مفت پی ڈی ایف (pdf) ورژن بھی مذکورہ سائٹس پر دستیاب ہے۔
urdu.biblebasedhope.com/ اور

اس کے علاوہ، اگر آپ کو اس کتاب کے بارے میں مزید معلومات یا آپ کے دیگر سوالات کی ضرورت ہے تو برائے مہربانی @ www.proclaimpublishers.com پروکلیم پبلشرس (Proclaim Publishers) سے رابطہ کریں۔

اگر آپ کے پاس اس کتاب کے اشیا کے بارے میں کوئی سوالات ہیں، تو براہ کرم مجھے لکھنے میں ہچکچاہٹ نہ

کریں۔ میں آپ کے تاثرات کا خیر مقدم
کرتا ہوں۔ میں اپنی حدود کو پوری طرح
سے محسوس کرتا ہوں اور صحیفوں
کے بارے میں اپنی سمجھ میں مسلسل
اضافہ کرنے کی کوشش کر رہا ہوں۔

انسان کا مرکزی اختتام خُدا کی تسبیح کرنا اور اُس سے ہمیشہ لطف اندوز ہونا ہے۔

تو پہلے سوال کے جواب میں ویسٹ منسٹر شارٹر کیٹیکزم بیان کرتا ہے، "انسان کا سب سے مرکزی اختتام کیا ہے؟" لیکن ہم نہ تو خُدا کی تسبیح کرتے ہیں اور نہ ہی ہمیشہ کے لیے اُس سے لطف اندوز ہوتے ہیں اگر ہمارے پاس اُس کی فطرت کی صحیح سمجھ نہیں ہے۔ چونکہ بائبل کے خدا کو صرف اس کی صفات سے سمجھا جا سکتا ہے، اس لیے یہ ضروری ہے کہ ہم ان کا مطالعہ کریں۔

یہ مختصر عقیدتی طرز کی کتاب مثالوں اور درخواست سے بھری ہوئی ہے بنیادی طور پر عیسی المسیح کے پیروکاروں کو بائبل کے خدا کے بارے میں ان کی سمجھ میں اضافہ کرنے میں مدد کرنے کے لیے لکھی گئی ہے۔ لیکن یہ بھی بہت فائدہ مند ہو سکتا ہے اگر آپ مسیحی نہیں ہیں لیکن مسیحی عقیدے کے بارے میں مزید جاننے میں دلچسپی رکھتے ہیں۔ آپ بھی فائدہ اٹھا سکتے ہیں کیونکہ یہ کتاب بائبل کے خدا کی خصوصیت کو سمجھنے میں آپ کی مدد کرنے کی کوشش کرتی ہے جس نے آپ کو تخلیق کیا اور آپ کو اس کے ساتھ رشتہ قائم کرنے کی دعوت دی۔

اگرچہ ہم خدا کو کبھی بھی پوری طرح سے نہیں سمجھ سکتے کیونکہ وہ لامحدود ہے اور ''وہ ان گِنت عظیم کام کر تا ہے۔ ہم اُن کو نہیں گِن سکتے۔'' (زبور 145:3)، ہمیں، جو محدود ہیں، پھر بھی اسے محدود بنیادوں پر جاننے کا اعزاز حاصل ہے۔ نیا عہد، جیسا کہ بائبل کے صفحات میں پایا جاتا ہے، وعدہ کرتا ہے کہ ہم سب خُدا کو "چاہے چھوٹے ہوں یا بڑے ہوں" جان سکتے ہیں (عبرانیوں 8:11)۔ یہ نہ صرف ہمیں تسلی دیتا ہے بلکہ ہمیں اس کے بارے میں گہرے علم کے حصول کی ترغیب بھی دیتا ہے۔ اور مجھے امید ہے کہ یہ کتاب آپ کو ایسا کرنے میں مدد دے گی۔

رام کرشنامورتی دو دہائیوں سے زیادہ عرصے سے ونڈسر، اونٹاریو، کینیڈا میں واقع گریس بائبل عبادت گاہ کی سرپرستی کررہے ہیں۔ اس کی شادی گیتا سے ہوئی ہے، اور ان کے دو بچے ہیں۔ اس کے بارے میں مزید تفصیلات www.gbc-windsor.org اور urdu.biblebasedhope.com مین پایا جا سکتا ہے، جہاں وہ اکثر بلاگ کرتا ہے۔

اس کے علاوہ، اگر آپ کو اس کتاب کے بارے میں مزید معلومات یا آپ کے دیگر سوالات کی ضرورت ہے تو برائے مہربانی www.proclaimpublishers.com @ پروکلیم پبلشرس (Proclaim Publishers) سے رابطہ کریں۔